Martin Ebner
Von Wildschweinen, Joggerinnen und
anderen Ungeheuerlichkeiten

Martin Ebner

Von **Wildschweinen,** **Joggerinnen** und anderen Ungeheuerlichkeiten

Kritische und humorvolle Betrachtungen rund um die Jagd

Leopold Stocker Verlag
Graz – Stuttgart

Umschlaggestaltung:
DSR Werbeagentur Rypka GmbH, 8143 Dobl/Graz, www.rypka.at
Grafik für das Titelbild: Boulot, Bureau für Kommunikation, CH-3000 Bern,
www.bureau-boulot.ch.

Bildnachweis:
Sofern nicht anders vermerkt: Archiv des Autors

Der Inhalt dieses Buches wurde vom Autor und dem Verlag nach bestem Gewissen geprüft,
eine Garantie kann jedoch nicht übernommen werden. Die juristische Haftung ist ausgeschlossen.

Bibliografische Information der Deutschen Nationalbibliothek
Die Deutsche Nationalbibliothek verzeichnet diese Publikation in der
Deutschen Nationalbibliografie; detaillierte bibliografische Daten sind
im Internet unter http://dnb.d-nb.de abrufbar.

Hinweis: Dieses Buch wurde auf chlorfrei gebleichtem Papier gedruckt. Die zum Schutz vor Ver-
schmutzung verwendete Einschweißfolie ist aus Polyethylen chlor- und schwefelfrei hergestellt.
Diese umweltfreundliche Folie verhält sich grundwasserneutral, ist voll recyclingfähig und
verbrennt in Müllverbrennungsanlagen völlig ungiftig.

Auf Wunsch senden wir Ihnen gerne kostenlos unser Verlagsverzeichnis zu:
Leopold Stocker Verlag GmbH
Hofgasse 5/Postfach 438
A-8011 Graz
Tel.: +43 (0)316/82 16 36
Fax: +43 (0)316/83 56 12
E-Mail: stocker-verlag@stocker-verlag.com
www.stocker-verlag.com

ISBN 978-3-7020-1623-4
Alle Rechte der Verbreitung, auch durch Film, Funk und Fernsehen, Foto-
mechanische Wiedergabe, Tonträger jeder Art, auszugsweisen Nachdruck
oder Einspeicherung und Rückgewinnung in Datenverarbeitungsanlagen
aller Art, sind vorbehalten.
© Copyright by Leopold Stocker Verlag, Graz 2016
Layout und Repro: DSR Werbeagentur Rypka GmbH, 8143 Dobl/Graz
Druck: Druckerei Theiss GmbH., A-9431 St. Stefan

Inhalt

Vorwort

Ungeheuer und Ungeheuerlichkeiten begegnen uns heute auf Schritt und Tritt. Es sind keine feuerspeienden Drachen, blutrünstigen Vampire oder wilde Eber mehr, sondern die „Ungeheuer des 21. Jahrhunderts": kleine Seitenhiebe unserer lieben Mitmenschen, skurrile Geschichten und Kapriolen schlagende Tiere.

Besonders Jäger als archaische Zeitgenossen sind davon betroffen. In der Öffentlichkeit oft etwas scheel angesehen, müssen sie stets mehr einstecken als andere. Damit sind sie aber auch resistenter geworden, breitschultriger und sind vom Steinzeitjäger, damals noch reiner Fleischbeschaffer, zum multitalentierten Neuzeitjäger mutiert. Will heißen, jagen ist nicht mehr das Kerngeschäft, sondern Jäger setzen sich in erster Linie mit Joggern, Bikerinnen, Hundehaltern, OL-Läuferinnen, Geo-Cachern und anderen Naturnutzern auseinander. Dazu mit Wildtieren, die gelernt haben, dass die in Feld und

Heute begegnen OL-Läufern keine Steinzeitjäger mehr.

Wald mit Allrad angetriebenen Karossen herumfahrenden grünen Weibchen und Männchen längst nicht mehr so gefährlich sind wie die fellumhüllten Steinzeitjäger. Was zur Folge hat, dass die Jäger von den vierbeinigen Wilden gar nicht mehr so ernst genommen werden und deshalb auch von dieser Seite Ungeheuerlichkeiten ausgesetzt sind.

All diese Widerwertigkeiten haben aber nicht dazu geführt, dass die Jäger ihre Flinte an den Nagel gehängt oder gar ins Korn geworfen und zur Botanisierbüchse gegriffen hätten. Nein, nur etwas zahmer, zivilisierter sind sie geworden. Ohne dass sie dabei ihre Urgen-Wurzeln des Steinzeitjägers verleugnen würden. Und so haben sie ihre bewahrenden Eigenschaften erhalten, sprechen eine Sprache, die Laien kaum verstehen und halten trotz Christianisierung an ihren Göttern fest. Am meisten verehren sie dabei Diana, die römische Schwester der griechischen Artemis, die zwar im ersten Bildungsgang als bekennende Jungfrau Hebamme gelernt hatte, dann aber der ständigen Windelwicklerei überdrüssig wurde und zum Jagdspeer griff. Ihr zur Seite steht der heilige Hubertus, Schutzpatron der Jagd, der als wilder Jäger einem Hirsch mit einem Kruzifix zwischen dem Geweih begegnete, alsdann bekehrt und Anfang des 8. Jahrhunderts Bischof von

Diana als Jägerin (röm. Mosaik 2. Jahrhundert) (oben)

Die Bekehrung des heiligen Hubertus (Meister von Werden) (links)

Foto: wikimedia.org

Foto: wikimedia.org

– 8 –

Lüttich wurde. Böse Zungen behaupten zwar, Hubertus sei in Tat und Wahrheit der erste Jagdabschaffer Europas gewesen, denn man könne doch nicht der Jägerei entsagen und gleichzeitig Schutzpatron der Jagd sein. Wie dem auch sei, für mich als archaischer Zeitgenosse ist Diana die erste Adresse und meine Urmuse. Weitere Musen folgten, zwei- und vierbeinige. Ohne diese wäre ich nie in der Lage gewesen, jagdliche Glossen anzupirschen und damit all die Ungeheuerlichkeiten zur Strecke zu legen. Ihnen allen sei Weidmannsdank gesagt.

Sooo süß ...

Kürzlich war ich mit meinen Bracken in einer größeren Stadt unterwegs. Ich führte die beiden gerade Gassi in einer Baumallee mit Wiesenstreifen entlang eines Parkplatzes, als sich vor uns eine jener Nobelkarossen mit dem Stern auf der Motorhaube in eines der Parkfelder gleiten ließ. Dem Beifahrersitz entstieg eine mit Goldkette behangene Dame, der man auch ohne ZEISS Feldstecher ansah, dass sie einige Jahrzehnte mehr im Fahrwerk hatte als das Auto. Sie steuerte zielstrebig geradewegs auf uns zu und rief: „Ach, wie lieb diese zwei Dackelchen doch aussehen." Meine altehrwürdige Hündin, die solche Dackelsprüche schon mehrmals über sich hatte ergehen lassen müssen, wendete sich leise knurrend ab, setzte sich hin und

Meine beiden Bracken ... sooo süß

schaute weise in die Ferne. Der kastrierte Rüde Bosco dagegen wedelte sich zu seiner Verehrerin hin und legte sich genießerisch vor ihr auf den Rücken. Die mit Diamantringen besetzten Finger der Dame kraulten sich vom Brackenstern über den Brustkorb langsam vorwärts, umrundeten stilsicher die Brunftrute und hielten plötzlich inne. „Johannes, schau mal", rief die Kraulende ihrem Begleiter zu, der inzwischen seinen Wohlstandsbauch aus dem Wagen gezwängt hatte. „Der Kleine hat ja gar keine Eier mehr. Sooo süß!", sagte sie und machte sich mit ihrem Johannes von dannen, dem trotz solch weltbewegender Entdeckung sichtlich wenig Begeisterung zu entlocken war. Dabei Bosco zurücklassend, der verschämt auf jene Stelle schaute, wo mal etwas gewesen war.

Eines Morgens war ich auf der Frühpirsch unterwegs, zu einer Zeit, als die Welt, vor allem die jagdliche, noch in Ordnung sein sollte, als ich schon von weitem eine Stockente auf mich zukommen hörte. Nicht allein. Als das Kamel von einem Hund meine Hündin und mich erblickte, kam er schnurstracks und laut kläffend auf uns zu gerannt. Sanja verkroch sich sicherheitshalber schon mal zwischen meinen Beinen und die Besitzerin der Bestie rief uns zu: „Er beißt nicht." Tatsächlich stoppte der Kläffer etwa einen halben Meter vor dem zufällig auf ihn gerichteten Gewehrlauf. Schnüffel, Schnüffel und schon stand auch seine Besitzerin vor uns und sagte, was jeder Hundebesitzer in einer solchen Situation zu sagen pflegt: „Nur keine Angst ihr beiden, der beißt nicht. Er ist ja so ein Lieber, aber halt ein wenig stürmisch." Ich, mein Maul weit aufreißend und sämtliche Amalgamfüllungen zeigend, entgegnete: „Das glaube ich Ihnen, aber ich könnte ihn zu Tode beißen." Sie schaute mich zuerst mit vor Schreck geweiteten Augen an, dann lachte sie laut auf und meinte: „Sooo süß." Noch heute lächeln die Süße und ich einander an, wenn sich unsere Wechsel wieder einmal kreuzen.

Ich wollte an einem herrlichen Sommerabend zum Abendansitz und parkte mein Auto auf einem Holzlagerplatz beim Waldeingang. Schon hatte ich Rucksack und Gewehr geschultert sowie meine Hündin an die Leine genommen, als ich auf dem Waldweg ein „Schmalreh" erblickte, das im grellgrün-orangen Jogginganzug auf mich zu gewechselt kam. Einer Gazelle gleich tänzelte es an mir vorbei, drehte sich, weiter rückwärts tänzelnd, um und rief mir mit osteuropäischem Akzent zu: „Gähen Sie Bambi theten?" Ich sofort: „Ja, ich gehe Bambi töten, aber Sie essen doch sicher auch Fleisch." Sie, jetzt anhaltend: „Ja, aber nix essen Bambi." Ich: „Auch Schweine sind Tiere." Sie: „Ich nix essen Schwein." Ich: „Aber auch Schafe wachsen nicht auf Bäumen." Nun kam sie zwei, drei Schritte auf mich zu gazellert, verhoffte kurz vor mir, ein paar Schweißtropfen hangelten sich an ihren Augenbrauen hinunter, und schaute mir mit ihren braunschwarzen Bambiaugen in die tiefsten Tiefen meiner Jägerseele. Dann glitt ein feines Lächeln, Grübchen bildend, über ihr Gesicht und ihre vollen Lippen formten den Satz: „Sooo siiiß." Sagte es, drehte sich um und tänzelte von dannen. Leider ist mir diese Siiiße nie mehr begegnet.

Und die Moral von der Geschichte: Die Jägerei ist ja sooo süß.

Rettet die Roten

In den vergangenen Wochen wird sich manch altgedienter Schweizer Soldat verwundert die Augen gerieben und die Welt nicht mehr verstanden haben. Da wurden wir Aktiven der Sechzigerjahre in der Rekrutenschule und in jedem Wiederholungskurs doch stets vor die gleiche Übungsanlage gestellt: Der Feind, die Roten, will aus Osten und Norden unser Vaterland angreifen und nun gelte es, mit vereinten Kräften und den Erfahrungen aus den Siegen gegen die Habsburger am Morgarten und Sempach die Invasoren blutig zurückzuschlagen. Und jetzt wollen uns Fernsehen und Radio sowie die Printmedien klarmachen, dass die Roten gar nicht so gefährlich, im Gegenteil, sogar massiv gefährdet seien und deshalb kurz vor dem Aussterben stünden. Wer nun hinter dieser Charmeoffensive für alles Rote einen letzten Verteidigungsversuch der links unterwanderten Medien gegen die geplante Initiative der Schweizerischen Volkspartei „Vertreibt die Alt-68er von den Schalthebeln der Macht" vermutet, verfolgt die falsche Spur. Dahinter steckt vielmehr der verzweifelte Aufruf engagierter Tierschützer, von Schweiz Tourismus und nicht zuletzt auch des Bundesamtes für Umwelt, unser Land und damit die Art *Sciurus vulgaris* – bei uns besser bekannt unter dem Namen „Eichhörnli" – vor den grauen und mächtigen Invasoren aus dem Süden zu verteidigen und zu schützen.

Ja, die Immigranten sind nahe, denn sie bevölkern bereits Parks und Wälder der Lombardei, dort vor Jahrzehnten einst aus Amerika eingeführt und ausgesetzt, und versuchen nun, durch hohe Vermehrungsraten ihren Lebensraum nach Norden auszudehnen. Dazu muss man wissen, dass Grauhörnchen als echte „Amis" nicht nur größer und schwerer sind als unsere Eichhörnchen, sondern auch cleverer und weniger spezialisiert bei der Nahrungsaufnahme. Schlechte Karten also für unsere Roten. Kein Wunder, dass der Tourismus-Direktor von Arosa bereits um seinen Eichhörnchenweg bangt. Denn was wäre dieses Dorf ohne die putzigen kleinen Roten, deren „Nüsse-aus-der-Hand-fressen-Bilder" rund um die Welt gehen und unzählige Touristen anlocken. Aber auch der Forst muss sich warm anziehen, soll doch der Graue gemäß englischen Quellen massiven Schaden an Waldbäumen anrichten. Und nicht zuletzt überträgt er ein Parapockenvirus, das für ihn selber nicht schädlich, für seinen kleineren Verwandten aber tödlich ist. Deshalb gehört der Graue gemäß der Invasiven-Liste der Europäischen Kommission zu den 15 schädlichsten Wirbeltieren der Welt. Schrecklich, kann man da nur noch sagen und versteht die Urängste der Saarländer, von denen mehrere im Juli 2012 von einem aggressiven Grauhörnchen attackiert und verletzt wurden.

Deshalb haben die Roten – außer von Seiten italienischer Tierschützer, die sich bisher mit Erfolg gegen eine Bejagung der Grauen eingesetzt haben – gute Überlebenschancen im Kampf gegen ihre Cousins. Selbst Prinz Charles von England machte sich für sie stark und sammelte Geld für die Bekämpfung der Invasoren. So titelte die

Foto: wikimedia/David Iliff

Ein grauer Invasor aus der Lombardei

Zeitung *Blick* bereits im Juni 2009: „Prinz Charles erklärt Ami-Eindringlingen den Krieg." Dieser wird an verschiedenen Fronten geführt. Mit Gewehr, Fallen und, man lese und staune, mit Verhütungsmitteln. Hoffentlich vergreifen sich nicht unbedarfte Waldgänger an diesen, sonst könnte anstelle der Grauhörnchen das Inselvolk aussterben. Vorläufig nicht betroffen sind wir Jäger, denn weder das Rote noch das Graue gehören bei uns zu den jagdbaren Tieren. Das könnte sich aber in zehn, 20 Jahren ändern, wenn auch wir an die Grenze zur Abwehrschlacht aufgeboten werden. Deshalb ist es empfehlenswert, sich schon heute über die richtige Schrotstärke für dieses Halbflugwild Gedanken zu machen.

Möglicherweise ist das Ganze aber auch nur ein riesengroßer Sommerloch-Knüller, weil sich das Ungeheuer Nessie dieses Jahr geweigert hat, aus den Tiefen von Loch Ness aufzusteigen. Und vielleicht hat Netz-Natur-Redakteur Andreas Moser in seinem Beitrag im Schweizer Fernsehen richtigerweise vor allzu viel Präventiv-Hektik gewarnt und zum Abwarten geraten. Denn so rasch werden sich die Roten seiner Meinung nach nicht verdrängen lassen.

Suchenheil mit
dem Schweißigel

Von Kindsbeinen an war ich stets von Jagdhunden umgeben. Bereits mein Vater führte vom rassenreinen Stammbaum-Langhaardackel bis zu irgendwelchen Dackel-Terrier-Niederlaufhund-Mischlingen die ganze Palette an jagdlich firmen Vierbeinern. In meinen Jugendjahren waren sie für mich vorwiegend Seelentröster, dann etwa, wenn mich mein Vater nicht zur Jagd mitnehmen durfte, weil ich dummerweise vor den Augen meiner Mutter mit dem Luftgewehr unerlaubterweise einen Spatz vom Dachfirst heruntergeholt hatte. Später führte ich selbst eine ganze Reihe von Hunden, die allesamt meist über spezielle Charaktere verfügten und deshalb einen festen Stammplatz in unserer Familienchronik eingenommen haben. Besonders ausgezeichnet haben sich diesbezüglich die „Ultimatum-Hündin" sowie „Praline-Kira". Erstere ein Deutscher Jagdterrier der Sonderklasse an Schärfe und Temperament, die das Nervenkostüm meiner Angetrauten aber derart stark belastete, dass mich diese eines Morgens, als Anda wieder einmal über Stubentisch und offenes Stubenfenster hinweg einer Katze zwei Meter in den Garten hinunter nachhechtete, vor das Ultimatum stellte: „Hund oder ich!" Mein Entscheid, damals in angewandter Psychoanalyse weiblicher Verhaltensmuster noch etwas unbedarft und unerfahren, fiel leider zuungunsten des Hundes aus.

„Praline-Kira" dagegen war ein ruhiger Bayrischer Gebirgsschweißhund, leidlich auf der Schweißfährte, hervorragend, wenn es um die Ortung eines Schokoladenduftes ging. Eines Tages besuchte uns unsere Schwiegermutter, begleitet von einem neuen Lederkoffer und darin gut eingebettet einer Schachtel der feinsten Berner Pralinen. Als wir nach drei Stunden der Abwesenheit wieder heimkamen, lagen ein paar Pralinenförmchen verstreut auf dem Boden herum. Die Schwiegermutter folgte der verräterischen Spur bis zu ihrem Koffer, erstarrte zur Salzsäule vor dem faustgroßen Loch, das ihr entgegengähnte und brachte nur noch ein „schrecklich" über ihre Lippen. Sie überlebte zwar den Schock, doch den Rest des Abends blieb sie sprachlos, was selten genug vorkam.

Zurzeit bereichern zwei Dachsbracken mein Leben. Da die Hündin im vierzehnten Feld steht, ist deren baldige jagdliche Abstinenz absehbar. Deshalb sollte ich mich langsam nach einem Welpen umsehen. Und das werde ich auch tun. Zwar nicht einen kaufen, aber im nächsten Frühjahr in meinem Garten eine Lebendfangfalle aufstellen, um damit einen kapitalen Rüden der Gattung *Erinaceus europaeus* zu fangen und als „Schweißhund" abzurichten. Ja, Sie haben

Junger Schweißigel

richtig gelesen, einen Igel werde ich fangen, für ihn eine spezielle Halsung und eine Schweißleine anfertigen lassen und mich dann europaweit als erstes und einziges Schweißigel-Gespann anpreisen. Denn kürzlich habe ich gelesen, dass Igel fünfmal besser riechen als ein spezialisierter Jagdhund. Was liegt da näher, als anstelle eines Hannoveraners oder einer Bracke künftig einen Igel für Nachsuchen einzusetzen. Damit liegt man total im Trend der Zeit: Entschleunigung ist angesagt. Nach *Slow Food* nun *Slow Hunting*. Vorbei die Bilder, wo Hundeführer in der Waagrechten ihrem Vierbeiner auf der Schweißfährte folgen, weil dieser übermotiviert und ungestüm der verlockenden Spur folgt. Vorbei die unerfreulichen Szenen, bei denen der geschnallte Hund, anstatt dem angeschweißten Stück einer frischen Rehfährte nachhängt. Und auch vorbei die Zeit der langen Warterei, bis endlich mit der Nachsuche begonnen werden kann. Denn bis der Anschuss mit dem Schweißigel abgesucht ist und der Abgang des beschossenen Stücks feststeht, vergeht durchaus eine halbe Stunde.

Noch einen weiteren Vorteil hat so ein Schweißhundersatz. In der jagdruhigen Zeit kann man ihn problemlos einwintern und in die Ferien verreisen. Im Frühjahr steckt man das Stacheltier einfach in ein warmes Bad, führt eine Parasitenrazzia durch und schon ist es wieder einsatzbereit. Ich freue mich jedenfalls jetzt schon auf das erste Suchenheil, das meinem Schweißigel und mir nach erfolgreicher Totsuche entgegenschallt.

Jäger wählen Diana

Wieder einmal stehen große Wahlen vor der Tür. Wer das noch nicht bemerkt hat, ist entweder blind oder taub oder beides. Jedenfalls strahlen uns aus Zeitungen und von Plakatwänden herab scharenweise Frauen und Männer entgegen, die so aufgeputzt und retuschiert sind, dass sie locker an den nächsten Miss- oder Mister-World-Wahlen teilnehmen könnten. Manchmal zwar nur noch in der Kategorie Senioren++. Und in den Radio- sowie Fernseh-Talkrunden geben die kapitalsten Keiler und Leitbachen ihr Stelldichein, um mit markigem Blasen ihr Revier zu markieren und für Stimmen für ihre Rotten zu buhlen. Wir Jäger, in der Mehrheit doch eher politunbefleckte Frischlinge und Überläufer, sehen uns vor die Herausforderung gestellt, aus all den unzähligen Wägsten und Besten jene zu küren, die in den nächsten vier Jahren unsere Anliegen in der Politzirkusarena vertreten sollen. Sollten Sie Ihr Wahlrecht im kleinen Kanton Appenzell I.Rh. ausüben können, dann haben Sie es relativ leicht. Erstens war das schon immer ein Jägerkanton, hausten doch bereits vor 30.000 bis 45.000 Jahren Jäger beim Wildkirchli. Und zweitens haben die Appenzeller nur Anspruch auf einen Ständerats- und einen Nationalratssitz. Die Auswahl ist klein und die Parteien eher eine Randerscheinung, denn in Appenzell wählt man noch Köpfe. Und wenn einem jener vom Broger Sepp nicht passt, wählt man ihn halt nicht, sondern den Jock vom Oberdorf.

Wohnen Sie aber im Kanton Zürich, wird die Wahl zur Qual. Auf 34 Parlamentssitze kommen 802 Kandidierende und 30 Listen. Da soll noch einer den Überblick behalten. Als Jäger wählt man zuerst einmal jagdlich firme Kandidaten. Nur, das ist gar nicht so leicht, denn mir ist kein Kandidat, keine Kandidatin bekannt, der oder die auf einem Wahlplakat mit Erlegerbruch und Büchse neben seinem oder ihrem zur Strecke gebrachten Rehbock posieren würde. Deshalb sind Detailanalysen gefragt, beispielsweise bei den Kleinstparteien, denn

Foto: wikimedia.org

Apollo und Diana (Lucas Cranach der Ältere)

da herrscht die größte Artenvielfalt. Von der Anti PowerPoint Partei über die Schweizerische Narrenpartei, die Piratenpartei, die Partei der Parteifreien, die AL und die PdA bis hin zu den Jungen Grünen und den Alten Füchsen ist alles zu haben. Nur, keine dieser Parteien erwähnt im Wahlkampf auch nur mit einem Wort die Jagd oder outet sich als unser Interessenvertreter. Also hin zu den Großen. Die Roten stehen uns farblich wohl am nächsten. Keine Gemeinschaftsjagd, an der sich nicht reihenweise rot markierte Männchen und Weibchen im Wald herumtreiben. Trotzdem, auch im Parteiprogramm der SP finden sich keine Forderungen für doppelte Renten für Jägerwitwen, Subventionen für Jagdhunde oder Schichtzulagen für Wildsaujäger. Somit ist auch das kein verlässlicher Partner für uns, genauso wie die B-, F-, G- und C-Parteien in der Mitte, die sich je nach Windrichtung mal links oder rechts verneigen. Also bleibt nur noch die Größte der Großen, die SVP, jene Partei, die vor einem Monat mit dem Volk und damit auch mit uns Jägern einen Vertrag unterzeichnet hat und bei der einige der kapitalsten Hirsche sogar jagdlich belastet sind und wissen, wie der Hase läuft. Doch leider vergrämte diese kürzlich mit ihrem Antischlitzeraufruf uns Jäger massiv, da sie damit einen wesentlichen und wichtigen Teil unseres Handwerks verunglimpfte. Denn Jäger schlitzen, zum Gewinnen von bestem Wildbret, Rehe, Wildschweine, Gämsen und Hirsche auf. Und müssen nun als Dank dafür befürchten, dass sie umgehend und ohne Wenn und Aber ausgeschafft werden. Voll krass Mann.

Was bleibt, ist Wahlenfrust und die Tatsache, dass es für uns Jäger wohl am besten ist, dem ganzen Rummel aus dem Weg zu gehen und die Wahlzettel samt Listen zu entsorgen. Und uns weiterhin auf Diana zu besinnen. Ja, wählen wir Diana. Klar, auch sie hält nicht immer, was sie verspricht, auch ihre Zeichen sind nicht immer verständlich und launisch ist sie manchmal auch. Trotzdem, seit Jahrhunderten hat sie uns selten im Stich gelassen, ganze Jägergenerationen haben ihr Opfer dargebracht und dafür aber auch ihre Gunst erworben. Von welchem Politiker könnte man so etwas behaupten?

Tschi Lo und der Fuchspelz

Kaum sind jeweils die Jagdhörner an den landesweit stattfinden-den Hubertusmessen verklungen, werden die Jagdzeitschriften vom winterlichen Dauerbrenner belegt. Schauerlich wie der Ranzruf unseres Rotfuchses in eisigkalter Winternacht tönt dann das Wehkla-gen über die im Keller liegenden Fellpreise und die bösen Tierschutz-organisationen, die mit ihren undifferenzierten Antipelz-Aktionen den drastischen Wertzerfall zu verantworten haben. Im positiven Gegenlicht werden daneben die Anstrengungen des Pelzfachver-bandes SwissFur abgehandelt, der mit gezielten Kampagnen gegen die Geringschätzung heimischer Freilandpelze ankämpft und dazu von den Schweizer Jägern 400 Fuchsfelle übernimmt und verarbeitet. Damit werden dann einige einheimische, deshalb aber nicht minder hübsche Models eingepelzt. Anschließend lässt man diese über ei-nen Laufsteg wechseln, verbunden mit der Hoffnung, dass sich im kommenden Winter die halbe Schweiz in Fuchspelz „hunted in Swit-zerland" kleiden wird. Parallel dazu darf jeweils Jagdaufseher Karl Zbinden, 86, seine tiefschürfende Lebenserfahrung kundtun, die da lautet, früher sei alles ganz anders gewesen, denn für einen Fuchs habe er so viel erhalten, dass er mit der Strecke eines Winters seine ganze zehnköpfige Familie ernähren konnte.

Wie dem auch sei, trotz SwissFur, Karl Zbinden und 40.000 Füch-sen, die jährlich in der Schweiz ihr Leben lassen müssen, sieht es mit dem Absatz von Fuchsbälgen aus Schweizer Jagd derart trostlos aus, dass an den Fellmärkten mehr Umsatz mit heißen Maroni als mit Fellen erzielt wird. Deshalb wandern nach wie vor die meisten Füchse samt Pelz in Begleitung von ausrangierten oder totgeborenen Schweinen und Hühnern in die Kadaververbrennung und heizen, anstatt unserer Damenwelt, die Atmosphäre auf. Nur ein minimaler Rest fristet als gefärbter „Grünfuchs" oder als getigertes „Katzenfell" ein diskretes Leben am Hals einer Schönen. Und der Tierschutz hat

Foto: SwissFur

Fuchspelz aus einheimischer Jagd ist besonders kuschelig.

einmal mehr obsiegt, was ja auch nicht verwundert, wenn man einen derart lapidaren, dafür aber einprägsamen Werbeslogan sein eigen nennt: „Lieber nackt als im Pelz!" Dazu werden Models der obersten Preisklasse als Werbeträger engagiert, die sich nicht nur balglos vor der Kamera präsentieren, sondern sich auch nicht scheuen, den frisch gestreiften Kern eines Fuchses der potentiellen Pelzträgerin entgegenzustrecken.

Ab sofort wird jetzt aber alles ganz anders. Ehemalige Anti-Pelz-Nackedeien wie Supermodel Naomi Campbell haben ins Pelzlager konvertiert. Wohl nicht aus moralischen Gründen, sondern weil sie von dort mehr Dollarscheine bekommen. Und Tschi Lo (Jennifer Lopez) umschmeichelt ihren traumhaften Körper nicht nur mit Fuchspelzen, sondern garniert ihre berauschenden Augen mit verlängerten Wimpern aus Fuchsgrannenhaaren. Was ihr umgehend auf der Homepage der Tierschutzorganisation Peta den netten Schmähsatz eingetragen hat: „Wenn du willst, dass man deine Augen betrachtet, J. Lo, brauchst du keine künstlichen Wimpern aus Fuchspelz zu tragen. Bedecke einfach nur deine Brüste." Nun, Brüste, Augen und Wimpern hin oder her, für uns Jäger ist einzig und allein von Bedeutung, dass Topmodels wieder Fuchspelz tragen und damit absatzwirksam auch für Freilandfüchse aus heimischer Jagd werben.

Und sollte das alles doch nichts bringen, dann hilft nur noch Eigeninitiative. Machen wir es unseren Bauern nach. Deren Kalender mit leichtgeschürzten Jungbäuerinnen ist ein Riesenerfolg. Weshalb nicht unsere wohlgeformten Töchter in Fuchsfelle kleiden, ablichten und daraus einen Jägerkalender machen? Klar, ein Fuchsfell und ein Schweizer Meiteli ergeben zusammen noch keine Naomi Campbell, keine Tschi Lo. Aber wenn jeder Jäger nächste Weihnachten seinen lieben Bekannten und Verwandten einen solchen Kalender unter den Tannenbaum legt, kommt locker eine halbe Million zusammen. Und mit diesen Geldern finanzieren wir unsere Kampagne: „Von Kopf bis Fuß auf Swiss Fox eingestellt." Und gehen natürlich mit gutem Beispiel voran. Wenn schon unsere liebe Angetraute nicht als Pelzträgerin herhalten will, weshalb nicht wenigstens eine Fuchsdecke auf dem Ehebett oder dem Sofa in der guten Stube. Bei 30.000 Jägern kommen da locker mal 600.000 Fuchsfelle zusammen. Das ist die verwertbare Strecke von 25 Jahren. Und nachher beginnt, Motten sei Dank, der Zyklus von neuem.

Von Menschen und Jägern

Zu Recht haben der Mensch und seine Integrität in unserem Kulturkreis einen hohen Stellenwert. Ehrverletzung und Rufschädigung genügen bereits, um Juristen zu aktivieren. Ist der Mensch ein Jäger, sieht es etwas anders aus. Das zeigen beispielsweise einschlägige Internetseiten aus Deutschland. Da kann man lesen, dass es den Jägern „nicht ums ökologische Gleichgewicht, sondern ums Morden geht" und „haben sich die Jäger erst einmal in ihren Blutrausch hineingesteigert, kennt das Morden keine Grenzen mehr". Damit ist klar: Jäger sind Mörder. Und das wird dann auch völlig straffrei in die ganze Welt hinausposaunt. Was logischerweise zur Schlussfolgerung führt, Jäger sind gar keine Menschen.

Neuere Forschungen widerlegen das. Auch Jäger gehören zur Spezies *Homo sapiens*, denn sie können sich mit diesem fortpflanzen und die Nachkommen sind weiterhin zeugungsfähig. Somit ganz anders als beim Rackelwild. Damit steht der jagende Mensch seinen Mitmenschen klar näher als ein Schimpanse. Aber, und das ist entscheidend, der Jäger verfügt über drei Gene, welche die Evolution in die Neuzeit nicht mitgemacht haben.

Da wäre einmal das Klamottengen. Jeder Durchschnittsmitteleuropäer und besonders jede Mitteleuropäerin kauft gerne und öfters Kleider ein. Die müssen modisch chic sein, damit man sie seinen Mitmenschen präsentieren kann. Das wiederholt sich zu jeder Jahreszeit, man kauft und zeigt. Ganz anders der Jäger. Zwar braucht auch er Kleider, ist ihm doch die Ganzkörperbehaarung des Urmenschen ebenfalls abhandengekommen. Aber, und das ist der Unterschied, er kauft zeitlose Klamotten in Jagdgrün oder zumindest Erdfarben, trägt diese während drei Jahren nur an Sonntagen bei sich zu Hause und wird sie erst anschließend, wenn sie genügend zerknittert und abgewetzt sind, auch für den Ausgang und die Jagd anziehen. Und dann bleibt er mindestens zehn Jahre seiner Bekleidung und seinen

Jäger, rettet eure Haut!

Schuhen treu. Erst nach dem fünften Flicken oder wenn die Schuhe auch mit dem besten Fett nicht mehr wasserdicht bleiben, wird er wieder zum Jagdausrüster gehen, um sich neu einzudecken. Das führt zwar zu dieser oder jener Ehetragödie und der Kleiderschrank quillt von noch nie getragenen Hemden, Jacken und Hosen über, die ihm die Angetraute in bester Absicht und zur besseren Sozialisierung gekauft hat. Doch das Klamottengen verhindert, dass ein Jäger mit neuer Kleidung auf die Pirsch oder gar zur Gemeinschaftsjagd gehen wird. Macht dies ein Unbedarfter trotzdem, wird er am Aserfeuer mit vernichtenden Blicken abgestraft.

Und damit kommen wir zum Feuergen. Beim Durchschnittsmenschen äußert sich die Affinität zum Feuer allenfalls dadurch, dass er ein Haus, einen Schuppen oder seine Küche anzündet. Damit macht er sich im schlimmsten Fall straffällig, im besten zum Versicherungsfall. Ganz anders der Jäger, gibt es doch für ihn nichts Schöneres, als mit Gleichgesinnten stundenlang um ein Aserfeuer zu sitzen, der Rücken kalt, das Gesicht gerötet von der Wärme der Flammen und auf dem Rost ein selbst erlegtes Stück Wildbret. Dazu die unglaublichsten Geschichten rund um die Jagd.

Dieses Stück 100%iges Biofleisch auf dem Grill hat er seinem „Lustvoll-Beute-machen-Gen" zu verdanken, das ihn, zum Dritten, genetisch ebenfalls vom *Homo sapiens* unterscheidet. Kauft letzterer seinen Eiweißspender beim Großverteiler und weiß deshalb nicht, was die „arme Sau" auf dem Weg bis zu seinem Teller alles gefressen und erlitten hat, beschafft sich der Jäger auf archaische Art und Weise sein Stück Fleisch. Zwar nicht mehr mit Keule und Speer wie die Steinzeitjäger, sondern mit einer Feuerwaffe in der Hand. Aber meist auch aufwändig, verbunden mit warten, anpirschen, versagen, schwitzen, frieren, aufbrechen und zerlegen.

Gut, dass es die genetisch archaischen Jäger noch gibt. Denn sollte uns in den nächsten tausend Jahren ein Meteorit auf den Kopf fallen und wieder in die Steinzeit zurückbefördern, verzweifeln wenigstens wir Jäger nicht vor den leeren Supermarktregalen und den stromlosen Höhlen. Weil wir wissen, wie es sich mit Beute und Feuermachen sowie Pelztragen überleben lässt.

Altersansprache

Kaum ein Wissen über Wild und Jagd ist bei den Jägerprüfungskandidatinnen und -kandidaten derart tief verwurzelt wie jenes über die Altersansprache beim Rehwild. Fragt man einen Kandidaten nach den wichtigsten Altersmerkmalen, kommt es wie aus dem Rohr geschossen: Bis ins Alter von 14 Monaten sei der P3 dreiteilig, die Figur schlank und hochläufig (wie bei einem Laufsteg-Schmalreh), Jung verfärbe vor Alt, Alt werfe vor Jung ab, ein buntes Gesicht gehöre zum Jährling und das graue, griesgrämige zum alten Bock. Ja, und dann seien da noch die ganz besonderen Merkmale wie Dachrosen, niedrigere Rosenstöcke und Stirnlocken im Alter.

Auffallend ist, dass sich bereits bei den Prüflingen das Schwergewicht der Ansprechmerkmale auf die Böcke und nicht die Geißen legt. Bei letzteren werden die Alten unter ihnen allenfalls noch mit langem, dünnem Träger, knochigem Haupt, Eselslauschern und durchhängendem Rücken beschrieben. Ja, und besonders vorsichtig seien die alten Rehe alle, ob Bock oder Geiß. Das ist ja auch nicht verwunderlich, sonst wären sie nicht alt geworden, sondern längst in einer Kühltruhe, unter einem Auto oder im Fang eines Hundes gelandet.

Ist so ein Kandidat eifriger Leser einer Jagdzeitschrift, wird oft noch nachgeschoben: „Es kann aber auch ganz anders sein." Mit dem vorsichtigen „kann" will er einerseits zeigen, dass er über mehr als nur das jagdliche Basiswissen verfügt, andererseits aber auch signalisieren, dass er nicht sicher ist, ob der Prüfende sein Expertenwissen im vorigen Jahrhundert zur Strecke gelegt und eingefroren hat. In diesem Fall wäre Jungjägerbesserwissen wohl eher nicht angesagt.

So oder so: Spätestens wenn der Prüfling nach erfolgreich absolvierter Prüfung seinen ersten, angeblich sehr alten Bock mit Dachrosen, Professorenbrille und grauweißem Haupt zur Strecke gebracht hat, und anschließend diesen Urgroßvater voller Stolz und Freude

Foto: wikimedia/Przykuta

Alter Rehbock?

seinen Jagdkameraden präsentieren wird, fällt die gesamte graue Theorie wie ein morscher Hochsitz im Novembersturm zusammen. Denn dann wird es ganz bestimmt in der Runde einen „guten" Kollegen geben, der dem Bock den letzten Bissen aus dem Äser zerrt, mit dem Zeigefinger über den Unterkieferast fährt und kurz vermerkt: „Der ist höchstens dreijährig." Womit die Erlegerfreude samt dem gesamten Wissen über die Altersansprache im Eimer liegt. Eben, „es kann auch ganz anders sein".

Wer Rehwild nicht nur durch das Zielfernrohr und mit gekrümmtem Zeigefinger ansprechen will, kann mit dieser Erkenntnis wenig anfangen. Weiterbildung ist angesagt, wozu sich als erstes Lernmodul unsere lieben Mitmenschen geradezu aufdrängen: Man steckt in der gleichen Haut und ist überzeugt, diese Spezies problemlos auf das wahre Alter ansprechen zu können. Als erfolgversprechende Fallstudie bot sich mir dafür ein Feldversuch an, genauer, der Besuch einer Klassenzusammenkunft Jahrgang 1944 ±1 Jahr. Das Resultat war frustrierend. Schon beim ersten Ansprechen auf dem Sammelplatz entpuppte sich die lockige Schwarzhaarige und vermeintliche Tochter einer Mitschülerin als Mario. (Weshalb können weibliche Menschenwesen nicht wie Rehgeißen eine Schürze tragen?) Und nach der Begrüßung, der Totenehrung und dem Aperitif konnten nur die beiden Serviceangestellten eindeutig in die Altersklasse der Schmalrehe eingereiht werden. Bei den restlichen „Böcken" und „Geißen" lag die optische Altersspanne bei mindestens ±10 Jahren. Natürlich, auch hier gab es lange und dünne Träger, Stirnlocken, Brillengesichter, schlanke und solche mit rundlicher Konstitution, rote und schon verfärbte sowie solche, die ihre Kopfhaare bereits abgeworfen hatten. Auf eine vertiefte Analyse der Gebisse verzichtete ich, da wohl auch diese kein zusätzliches Licht ins Dunkel der Altersansprache gebracht hätte. Denn nur schon der flüchtige Blick ins Innere der Äser zeigte eine große Artenvielfalt: Schneeweiße und nikotingelbe Zähne, abgenützte, Dentin gefärbte Molaren und klappernde Keramikprothesen bis hin zu bissfesten Titanimplantaten. Ausgeschaufelt hatten alle. Etwas ernüchtert und einmal mehr versehen mit der Erkenntnis „es kann auch ganz anders sein", fuhr ich nach Hause.

Andere Länder,
andere Schweine

Die natürliche Verbreitung der Echten Schweine, zu denen auch unser Wildschwein gehört, verläuft von Asien über Europa bis nach Afrika. Durch Einbürgerungen sind sie heute aber fast weltweit verbreitet. Zu den imposantesten und auffälligsten Vertretern dieser Familie gehören das Warzenschwein und das Pinselohrschwein in Afrika sowie der Hirscheber auf der indonesischen Insel Sulawesi.

Jetzt aber scheint eine neue Unterart unseres Wildschweins *Sus scrofa* entdeckt worden zu sein. Denn die Zeitung *Königsberger Express* berichtete kürzlich aus der russischen Exklave Kaliningrad Oblast, dass dort auf einem Bauernhof eine Wildsauenfamilie mit Sonderstatus lebe, eine Bache mit 150 Kilogramm Lebendgewicht samt ihren beiden zwölf Monate alten Jungen. Aber nicht nur das. Die Bache mit dem wohlklingenden Namen Mascha läuft samt ihrem Nachwuchs – diesen hatte sie im vergangenen Jahr von einem ihrer Halbtagesausflüge in den nahen Wald „mitgebracht" – frei auf dem Bauernhof und den angrenzenden Feldern herum. Stellen Sie sich vor: Eine Rotte Schwarzwild am helllichten Tag frei herumzigeunernd in Feld und Flur. Bei uns würde sofort einer der zuständigen Jagdpächter aufgeboten, um dem saumäßigen Treiben ein Ende zu setzen oder der Wildschadenexperte müsste auf den Platz, um in Heller und Pfennige das Gewühle der drei abzuschätzen. Nicht so bei Vera und Darius Nekljudow auf deren Bauernhof. Dort können die drei tun und lassen, was sie wollen. Ja, das erste Lebensjahr verbrachte Mascha sogar in der Wohnung der Bauersleute. „Wir ließen sie walten und schalten, wie sie wollte. Sie hat sogar gelernt, auf der Suche nach Futter den Kühlschrank zu öffnen und die Schubladen der Tische herauszuziehen", berichtete Vera der Zeitung. Nein, das macht in unseren Breitengraden das Schwarzwild definitiv nicht. Wenn bei uns der Kühlschrank gähnende Leere ausstrahlt, dann deshalb, weil Sohnemann oder Tochterfrau im Hotel Mama sich nach durchlebter Nacht frühmorgens am Eingekauften vergriffen hat. Und nicht, weil sich eine intelligente Bache ausgiebig durch den Notvorrat futterte.

Ein solches Schwein muss wirklich anders sein als unsere Wildschweine: intelligent, treu und rücksichtsvoll. Vera Nekljudow glaubt denn auch, in Mascha eine menschliche Seele entdeckt zu haben, die sich in den Körper eines Wildschweines verirrt hat. Vielleicht jene von Boris Jelzin oder Wladimir Putin oder sonst einer menschlich-politischen Größe. Kommt hinzu, dass Vera von der Wildschweindame bereits zweimal vor großer Gefahr bewahrt worden ist. Einmal wollte sie ein rasender Stier annehmen, Mascha lenkte diesen ab, das andere Mal geriet Vera im Wald in eine Rotte mit Bache und Frischlingen. Mascha trieb die Konkurrentin mit Grunzlauten in die Flucht. Von wegen Grunzlaute: Der Wortschatz der Wildschweindame umfasst um die dreißig verschiedenen Laute, mit denen sie mit ihrer Umgebung innig kommuniziert. Aber auch genügsam sind Mascha und ihr Nachwuchs. Sie frisst weniger als gewöhnliche Schweine, nimmt aber sehr schnell an Gewicht zu, was unsere Schweinezüchter und unseren Metzgermeisterverband interessieren dürfte. Bei ihrer Lieblingskost wird es jedoch etwas schwieriger, findet sie doch neben Getreide, Brot, Gras und Milch auch an Fischen, Käfern und Fröschen großen Gefallen. Sehr hilfreich wäre aber eine weitere positive Eigenschaft von Mascha, ist sie doch eine hervorragende Langfrist-Wetterprophetin, die unsere Muotathaler Wetterschmöcker samt Meteo-

Wildschweine auf Spaziergang

Schweiz glatt ins Abseits laufen lässt: Wenn sie im Sommer haart, ihre alten Borsten verliert und das neue Kleid dicht und warm wird, dann steht ein harter Winter bevor. Legt sie sich jedoch eine samtene Jacke zu, wird es bald Frühling werden in Kaliningrad Oblast.

Also nichts wie los nach Kaliningrad. Die beiden Jungen von Mascha, Sojka und Baby, sind noch zu haben. Sie könnten bei uns die Basis für eine landwirtschaftverträgliche, Wildschaden vermindernde und jägerfreundliche Wildschweinpopulation bilden, die mit einem Schlag die ganze Schwarzwildproblematik lösen würde.

Aufruf zum Streik

Da haben wir jahrzehntelang hingebungsvoll unsere über alles geliebten Wildtiere gehegt und gepflegt, haben jedes Jahr pünktlich unsere Mitgliedschaft bei WWF, Pro Natura und Vogelschutz erneuert, haben nach Vivian und Lothar für unsere Forstfreunde jedem Reh den Schutz- oder Mischwaldanflug aus dem Äser geschossen, haben den Luchs geschont, der, anstatt von Schafen zu leben, die eine oder andere von ihren Jungen begleitete Rehgeiß gerissen hat – was ja gemäß Jagdgesetz verboten wäre –, und wir haben uns in nächtelangen Ansitzen auf das Schwarzwild nicht nur einen lederharten Spiegel zugelegt, sondern auch manch trautes Eheleben aufs Spiel gesetzt. Und der Dank dafür? Da rammeln sich ein paar hergelaufene Unterschriftensammlerinnen und -sammler zusammen und schüren Emotionen gegen die Hasenjagd, die Vogeljagd sowie die Treibjagd, und schon sieht die Welt für die Berner, Aargauer und Solothurner Jäger ganz anders aus. Und wer hilft diesen nun im Kampf gegen die Jagdabschaffer? Die Naturschutzverbände sind nicht massiv dafür, aber auch nicht überaus engagiert dagegen. Sie investieren ihre Spendengelder lieber für den gelbbrüstigen Kreuzschnabelpapagei auf Papua-Neuguinea als für die auf der Roten Liste stehende Spezies „Schweizer Jäger". Und die für die Jagd zuständigen Regierungsräte der initiativbetroffenen Kantone halten an den Jägerversammlungen zwar markige Reden im Stile „Ohne Jäger kein Wald" und schütteln uns dazu aufmunternd die Hand, wohlwissend, dass sie uns jeweils im Frühjahr mit der anderen Pranke Millionen von Franken für Revierpachten und Patente aus der Tasche ziehen können. Eine hochkapitale Unterstützung bekommen wir aber auch von dieser Seite nicht. So bleibt den initiativgeplagten Jagdfreunden nichts anderes übrig, als in den eigenen Geldbeutel zu greifen, um etwas zu rechtfertigen und zu erhalten, das man durchaus als Staatsauftrag bezeichnen könnte: Nämlich, als einer von vielen Naturnutzern – zahlenderweise und schießprügelbewaffnet zwar – durch Feld und Wald zu streifen, um mit schmackhaftem Wildfleisch, für sich

Foto: wikimedia/Malvara

Die Jäger streiken – Unfallwild bleibt liegen.

und andere, allfällig aufkommenden kulinarischen Herbstdepressionen entgegenzuwirken.

Basta! Da gibt es nur noch eines: Wir streiken! Und zwar nicht so ein herziges Streiklein, ein kleines Aufmurren von der Art „Wir haben genug!", sondern ein Mega-Event muss her. Ein Generalstreik: Wir schießen ab Beginn der nächsten Schonzeit ganz einfach keine Wildschweine mehr und stellen Rechen und Gabel, mit denen wir deren Löcher zubuddelten, in den Schopf. Soll doch der Zivilschutz die Schadflächen in Ordnung bringen und sollen die Exekutivorgane auf den Schwarzwildexekutionsflächen ihren „Allerwertesten" wundsitzen. Schließlich sind wir nicht schuld daran, dass uns die Schwaben und Franzosen in den Siebzigerjahren die borstigen Wühlmäuse exportiert haben und dass gleichzeitig eine wahre Polentarevolution unsere Landwirtschaft ergriffen hat. Wir lassen uns definitiv nicht mehr von jedem hergelaufenen Hofhund an die grünen Beinkleider nässen und uns zum x-ten Mal als Bambimörder beschimpfen!

Mal schauen, wie die Jagdverwalter in den Trainingscamps die Spezialeinheiten der Polizei auf die Schwarzwildbejagung vorbereiten. Interessant dann zu sehen, um wie viele Millionen sich deren Budget erhöhen wird. Nur schon die Ausrüstung wird Hunderttausende von Franken verschlingen, denn ohne maßgeschäftete Kugelwaffe, lichtstarkes Zielfernrohr, Scheinwerfer, Nachtsichtgerät und Hodenwärmer geht gar nichts. Ganz zu schweigen von den Nacht-, Schicht- und Gefahrenzulagen, die dann für die Beamten fällig werden.

Und wir Streikenden? Wir können uns endlich wieder einmal unserer Familie widmen, können abends um neun ins Bett, können wieder intensiv unseren ehelichen und außerehelichen Verpflichtungen nachkommen und werden nicht zuletzt im Folgejahr mit jagdlichem Nachwuchs gesegnet sein, der uns wieder hoffnungsvoll in die Zukunft der grünen Zunft blicken lässt. Nur das alleine ist schon einen Generalstreik wert.

Bambidrama

Das mediale Sommerloch im Jahr 2013 war bereits zugeschüttet, Nessie und Konsorten waren in ihre Höhlen zurückgekehrt und unsere Politiker aus den Ferien zurück, um sich erneut in den permanenten Wahlkampf zu stürzen und uns Dinge zu versprechen, die sie wissentlich nie halten können. Kurz: Es herrschte Alltag in unseren Landen.

Da fegte urplötzlich ein Tsunami ungeheuerlichen Ausmaßes durch den Blätterwald. Was war geschehen? In einer 26-zeiligen Medienmitteilung der Universität Zürich wurde unter dem Titel „Notabschuss von 18 Rehkitzen im Kanton Bern" bekannt, dass im Simmen- und Kandertal 18 Jungtiere aus Tierschutzgründen durch die Wildhut fachgerecht erlegt werden mussten. Dies deshalb, weil sich die im Frühjahr bei 30 Kitzen angelegten Halsbandsender – untersucht werden sollen die Auswirkungen von Luchsen auf die Rehpopulationen – nicht wie vorgesehen ausweiteten und der wachsenden Halsgröße anpassten. Doch sei der Rehbestand in der Region, so die Mitteilung der Uni Zürich, genügend groß und durch den Notabschuss nicht gefährdet. Die stets wachsame Tagespresse und die Internet-Community sahen das deutlich anders und hämmerten ihre grenzenlose Empörung in die Tasten. Auch den Berner Oberländer Jägern wird wohl nicht gerade ein Freudenschrei über die Lippen gegangen sein.

Damit war der Teufel los. Das Kandertal, wo sonst jahrein, jahraus „Freude herrscht", sich bei Einbruch der Dämmerung Luchs und Reh gute Nacht sagen und ersterer letzterem erst die Kehle durchbeißt, wenn es definitiv dunkel geworden ist, mutierte vom Tal des Glücks zum Tal der Tränen. Begleitet von Zeitungsartikeln und Leserbriefen epischen Ausmaßes. Kam hinzu, dass zeitgleich der Walliser Wolf aus dem Obergoms in die ewigen Jagdgründe hinüberwechseln musste, nachdem er sich gerade als Jubiläumsgabe das 40. Schaf einverleiben wollte. Damit war das tierische Drama in den Schweizer Alpen perfekt und die urbanisierte Bevölkerung konnte wieder einmal ihrer Empörung über die bösen Forscher und Walliser freien Lauf lassen.

Das tat sie denn auch ausgiebig. W.Q. aus dem fernen Lima meinte: „Vielleicht sollte man einmal eine Feldstudie mit Politikern durchführen. Und deren Gürtel ganz eng schnallen. Wenn's Probleme gibt, rufen wir einfach den Wildhüter …" Und über Facebook kam die Nachricht: „Na toll! Super Leistung. Forscht mal nach EUREM VERSTAND!!!" Ergänzt und relativiert durch den Kommentar der Wal-

Dieses Kitz kennt im Schutz des Heugrases noch kein Bambidrama.

liserin S.Z., die meinte: „Schon komisch, ein einziger Wolf der abgeschossen wird – ein Skandal schreien hier alle, wir gehen nicht mehr ins Wallis. 39 elend verreckte Schafe – ach es sind doch nur Schafe. 18! Rehkitze – ach schon schade, aber was soll's. Für mich ist ein Wolf nichts wert, es ist ein wilder Hund und Hunde zieht ihr lieben Städter ja bereits zu Tausenden über die asphaltierten Strassen." Hinterfragt wurde auch der Sinn einer solchen Studie und sogleich beantwortet: „Zum Zusammenleben von Luchs und Reh gehört wohl auch, dass die Luchse Rehe jagen, wozu also die Studie?" Und die Antwort: „Ja, wozu? Der wachsenden Flut von Gymnasium-Abgängern muss doch am Ende des Studiums was geboten werden." Und nicht zuletzt bekamen wir Jäger unser Fett ab. So meinte C.S. klipp und klar: „… die konzeptlosen Jäger haben nach 30 Jahren Luchsmanagement keine Ahnung. Hobbyjäger sind die wahren Schädlinge, schlimmer als der Borkenkäfer. Hierzu sollte man einmal eine Studie machen. Bei Bedarf mit Geburtenkontrolle nachhaltig regulieren, anstelle alljährlich ein Gemetzel zu veranstalten."

Aus etwas Distanz und froh, altersbedingt einer allfälligen Geburtenkontrolle entronnen zu sein, bleiben mir nach einem derartigen medialen Sturm zumindest zwei Erkenntnisse: Erstens leben Rehkitze gefährlich bis tödlich und enden oft zwischen den Zähnen von Wolf und Luchs, im Feuer von uns Jägern, unter den Rädern von Motorfahrzeugen, in den Messern von Mähmaschinen und in den Halsbändern von Wissenschaftlern. Und zweitens hat die ganze Geschichte doch noch etwas Gutes: Denn jetzt glaubt künftig bestimmt jedermann unseren Forschern, dass ihre Methoden und Verfahren todsicher seien.

Hans Huckebein,
der Unglücksrabe

Wie sich die Geschichte doch stets wiederholt. Schon 1867 schrieb Wilhelm Busch vom Raben Hans Huckebein, der nichts anderes im Kopfe hatte, als seine Umgebung zu ärgern und zu terrorisieren. Und jetzt, im aufgeklärten 21. Jahrhundert, machen uns die Rabenvögel das Leben immer noch schwer. Da gibt es eine große Kolonie von Saatkrähen in der Stadt Bern. Seit Jahren brüten sie in den hohen Alleebäumen, ärgern mit ihrem Geschwätz die Anwohner und verätzen mit ihrem Geschmeiß den Lack der unter den Bäumen abgestellten Autos. Alle Versuche, die Vögel in den nahen Burgerwald zu vertreiben, schlugen kläglich fehl. Anstatt mit der Motorsäge auszurücken und die alten Platanen kurzerhand umzusägen und durch Bonsaibäumchen zu ersetzen, spielte die Stadtgärtnerei „die Lieben und Netten". Zuerst versuchte man, die Anflugschneisen zu den Nestern unpassierbar zu machen. Als dies nichts half, engagierte man eine Rabenflüsterin, die den herzigen Vögeln gut zureden sollte. Und als auch dieser Versuch fehlschlug – wie heißt es bei Wilhelm Busch: „Denn schwupp! Der Tante Nase fasst er; und nochmals triumphiert das Laster!" –, griff man zu Hightech. Mit Laserkanonen wurde auf die Viecher „geschossen", doch diese schüttelten nur kurz ihr Gefieder und legten weiterhin Eier.

Ende 2008 stieg jedoch Morgenröte am Himmel auf und ließ uns Menschen wieder hoffen, ohne dass wir Jäger zu Schädlingsbekämpfern degradiert wurden. Denn kein Geringerer als Toni Brunner, der damalige Präsident der Schweizerischen Volkspartei (SVP), erklärte die Angelegenheit zur Chefsache und wollte den Raben im In- und Ausland den Garaus machen. An der Pressekonferenz zur Abstimmung vom 8. Februar 2009 über die Personenfreizügigkeit sprach er gleich Klartext: „Der Rabe sei aggressiv, verschlagen und hinterhältig und nehme den anderen Vögeln das Futter weg. Er sei ein Tier des Zwiespalts und komme häufig in Verbindung mit Hexen vor."

Nationalrat Pirmin Schwander doppelte nach und meinte, dass die Raben nicht nur im Ausland, sondern auch im Inland, ja sogar im Bundesrat säßen.

Nimmt man das Ministerfoto, auf das sich Schwander bezog, genauer unter die Lupe, muss man den beiden recht geben. Die sieben Bundesrätinnen und Bundesräte sind tatsächlich ein Abbild der faszinierenden Welt der Rabenvögel. Da wäre einmal der alle überragende Innenminister Pascal Couchepin, der Kolkrabe, dessen Lautrepertoire riesig ist – fragen Sie nur Nationalrat Christoph Mörgeli, der kann Ihnen davon ein Lied zwitschern – , dann die schlanke und elegante Außenministerin Micheline Calmy-Rey als grau-schwarz gekleidete Nebelkrähe, Justizministerin Eveline Widmer-Schlumpf als Alpendohle, die leichtflügelig über den Parteibüchern kreist, Umweltminister Moritz Leuenberger als ranke Saatkrähe, die charmant-hübsche Innenministerin Doris Leuthard als bunter Eichelhäher, Finanzminister Hans-Rudolf Merz als „diebische" Elster, die uns von Amtes wegen den Zehnten aus der Tasche klauben darf, und nicht zuletzt Verteidigungsminister Ueli Maurer als Tannenhäher, der, kaum war er in Amt und Würden, auf der Suche nach der Erleuchtung im dunklen Tannenwald über eine Wurzel stolperte. Aber ehrlich, etwas Aggressives, Verschlagenes, Hinterhältiges oder gar Hexenartiges kann man bei allen sieben beim besten Willen nicht ausmachen. Im Gegenteil, alles liebe, kluge und nette Singvögel, ääh, Menschen, die nur das Beste für uns wollen. Liegt da wohl die SVP für einmal falsch? Ja, denn die neueste Rabenforschung spricht eine klare Sprache: „Diese Vögel sind von hoher Intelligenz, die mit jener eines Menschenaffen vergleichbar ist." Und: „Die Raben zeigen einsichtiges Verhalten. Sie kennen das soziale Lernen und geben das Wissen an ihre Kinder weiter", meint Rabenforscher Toni Bürgin. Vielleicht nimmt Toni Brunner das zur Kenntnis und reist mit seinen Mitstreitern nächstens gen Osten. Nicht gleich nach Bulgarien oder Rumänien, sondern nur nach Österreich. Dort, im Almtal, ist die weltweit größte Einrichtung zur Erforschung von Raben. Diese sollen sogar Dialekte erkennen und patriotische Lieder singen können. Letzteres ist zwar nicht verbürgt, doch für den Anton aus dem Toggenburg zumindest prüfenswert. Das wäre dann das Aus für die rabenschwarzen Theorien seiner Partei, was aber zu verschmerzen ist. Wie endet doch die Geschichte von Hans Huckebein: „Die Bosheit war sein Hauptpläsier, drum, spricht die Tante, hängt er hier!"

Die Bosheit war sein Hauptpläsier ... (Wilhelm Busch)

Jäger an die Schweizer Grenze

Die Lage ist ernst. 60 Jahre nach Kriegsende wird die Integrität der Schweiz, oder besser, deren Immunität wieder bedroht. Hamsterkäufe von Medikamenten zeugen davon, dass mancher Eidgenosse befürchtet, seine Zukunft bereits hinter sich zu haben. Und die Angstmacher und Krisengurus reiben sich die Hände, denn mit nichts anderem lässt sich mehr Geld verdienen als mit der Angst vor dem Unbekannten.

Dabei hatte doch alles so friedlich für uns angefangen. Fernab, irgendwo in den endlosen Weiten Chinas und Vietnams waren in den vergangenen Monaten da und dort mal ein Huhn, mal eine Ente plötzlich umgefallen und hatten den Dienst als Eierlegerin oder als Peking-Enten-Braten verweigert und sich dadurch dem auf Genuss dieses Federviehs ausgerichteten Menschen kurz entschlossen entzogen. Kein Problem für uns Europäer, geschweige denn für uns Schweizer, die solches Geschehen, samt schaurig-gruseligem Massenvergasungsritual des Federviehs, zeitverschoben in den Nachrichtensendungen des Fernsehens in sich hineinziehen konnten. Als dann auch noch ein paar dieser asiatischen Vogelzüchter und -händler von hinnen schieden, schaltete die Ampel zwar auf Hellgelb, aber die Stimmung war immer noch rosig. Klar, dass die mit ihrer Hygiene nicht zurechtkommen. Wenn einer während 365 Tagen im Jahr nichts Besseres weiß, als mit und zwischen den Hühnern zu leben, muss er sich auch nicht wundern, wenn diese besonderen Grippekäfer seinem Immunsystem zu Leibe rücken. Das war unisono die Meinung vom Pressesprecher des Bundes bis zur Stammtischrunde.

Jetzt ist aber alles ganz anders gekommen: Schwäne, Enten und Singvögel fallen vor der Haustüre vom Himmel und dort, wo sich Herr und Frau Schweizer im Sommer noch am Badestrand in der Sonne geräkelt haben, ist die Seuche los. H5N1 steht im Zeitalter der Abkürzungen für das Böse schlechthin, schlimmer als alle Ozonlöcher, Atombomben und sonstigen lebensfeindlichen Niedlichkeiten zusammen. Klar, dass jetzt gehandelt werden musste. Die bundesdeutschen und österreichischen Landesväter – die schweizerischen folgten mit dem üblichen helvetischen Timelag – verordneten ihren Hühnern, Enten und Gänsen sofort ein Ausgehverbot und quartierten sie in stillgelegten Batteriebetrieben ein. Was beweist, dass Batteriehaltung wesentlich hygienischer und gesünder ist als Freilandhaltung. Selbst die Vogelwarte Sempach wurde aktiv. Große Drahtfallen wurden gebaut, um die paar Dutzend im Klettgau ausgewilderten Rebhühner einzufangen und sie anschließend im Wintercamp von Knies Kinderzoo einzustallen.

Die Vogelgrippe fordert ihre Opfer.

Und wir Menschen? Vor unseren Apotheken stauen sich die Senioren, nicht um die neueste Lieferung von Viagra einzukaufen, sondern um sich eine der letzten Packungen Tamiflu, die Roche gerade noch rechtzeitig aus ihrem heißlaufenden 24-Stunden-Goldesel-Betrieb herausquetschen konnte, für ein halbes Vermögen zu sichern. Doch all die Vorsichtsmaßnahmen werden nichts nützen, denn die Gefahr kommt diesmal aus der Luft. Hunderttausende von Zugvögeln, von der Tafel- bis zur Reiherente, vom Buchfink bis zur Amsel, werden unseren Luftraum erobern und unsere Landschaft und Seen mit infizierten Exkrementen eindecken. Dass die marode Luftwaffe unserer Armee XXI dabei tatenlos zuschauen muss, liegt auf der Hand. Deshalb mein eindringlicher Appell an unseren Verteidigungsminister: „Sämi, schick drei Divisionen Schweizer Jäger an die Ostfront!" Und wir werden marschieren, um im Rheintal aufwärts Stellung zu beziehen. Das Mündungsfeuer unserer Gewehre wird von der Schesaplana-Hütte über den Piz Buin bis zum Stilfser Joch ein Höhenfeuer entfachen, unsere Schrote werden die tiefhängenden Herbstwolken durchfurchen und das Donnergrollen unserer Flinten wird den Städtern im Mittelland wie Orgelklänge vorkommen. Endlich sind wir wieder jemand. Kein Mensch wird mehr von Jagdabschaffung, und niemand mehr von Luchskillern und Bambimördern reden. Im Gegenteil, ein Sturm der Begeisterung und Dankbarkeit wird durch unser Land fegen. Und zum Abschluss all der Feierlichkeiten wird unser Alt-VBS-Sämi auf dem Bundesplatz in Bern das Ehrenmal des „unbekannten Vogeljägers" enthüllen.

Jägerschwemme

Frühlingszeit ist auch die Zeit der großen Jägertreffen. Landauf, landab strömen die Frauen und Männer in Grün in stattlicher Zahl an die Jahresversammlungen und lassen sich von den Präsidenten sagen, was im vergangenen Jagdjahr so alles gut und weniger gut gelaufen ist und wie halbdüster die Jägerzukunft aussieht. Besonders beim Thema „Jägernachwuchs" graben sich jeweils tiefe Furchen in die Stirne der Sprechenden, denn sie müssen zur Kenntnis nehmen, dass die Liste der im abgelaufenen Vereinsjahr in die ewigen Jagdgründe hinübergewechselten Kameraden wesentlich länger ist als jene der erfolgreichen Jägerprüfungskandidaten. Auch die Kantone, die Monopolisten über unsere Jagdreviere, handeln bereits situativ, indem sie, je nach kantonaler Mentalität, entweder noch rasch die Jagdpachtpreise erhöhen, so nach dem Motto „die Kuh ist zu melken, so lange sie noch Milch gibt", oder mit Pachtzinsreduktionen versuchen, auch noch die Ärmsten unter den Armen für das jagdliche Tun zu bewegen. Und wie zu hören war, werden in der Chefetage von WWF Schweiz bereits Wetten darüber abgeschlossen, ob landesweit der Jäger oder der Luchs als erster ausgestorben sein wird.

Alles Schnee von gestern! Eine Jägerschwemme bahnt sich an. Landesweit sind Zehntausende von Weidmännern und Weidfrauen auf der Pirsch und schießen, dass die Läufe glühen. Und das im März und April, also mitten in der Schonzeit. Das Jagdfieber grassiert, ganze Firmen werden dadurch lahm gelegt, die chemische Industrie forscht intensiv nach einem Gegenmittel und der Wildhandel ist nur dank BSE und MKS noch in der Lage, all die Vogelleichen an die Konsumenten zu bringen.

Moorhuhnjagd ist angesagt. Mit dem Schlachtruf „Ran an die fetten Pouletten" wird bei jedem auch nur einigermaßen mit Naturgenen versorgten Menschen der tief schlummernde Urdrang nach dem Beutemachen geweckt. So gehen selbst bekennende Tierschützer und Veganer auf die Pirsch, um da ein „Memmehuhn", dort einen Moorhahn und auch einmal einen Zeppelin zu durchlöchern.

Tag und Nacht sitzen sie an ihren Computern, können vor Erschöpfung kaum mehr die Maus halten, diskutieren im Moorhuhn-Forum über die ideale Schrotgröße sowie Schussdistanz und fühlen sich lyrisch bewegt, so im Stile: „Die Zeit ist um, die Patronen sind alle, und nun ist Schluss mit dem Moorhuhn-Geknalle." Sogar rassistische Töne werden angeschlagen, indem gefordert wird: „Deutsche raus, die Schweizer Moorhühner den Schweizer Jägern." Eine Moorhuhn-Hotline ist eingerichtet und vom Moorhuhn-Shop aus Deutschland können „unsere Jagdfreunde aus der Schweiz" Fanartikel wie Moorhuhn-Wärmeflaschen und Moorhuhn-Silberfiguren aus der Moorhuhn-Boutique heruntersaugen.

Nur unsere Verbandsoberen haben davon noch keinen Wind bekommen und lassen nach wie vor die Platte vom Jägersterben laufen. Schade! Ein Jägerpotential von mehreren Tausend wird damit verpisst (Moorhuhn-Jägersprache). Wenigstens die Top 100 sollten sofort ohne Prüfung den Jagdschein erhalten. Allein schon ihre Namen wie „Moorhuhn Töter", „Flintenmann", „luckychicken" oder ganz einfach „Poulet" sind vielversprechend für eine schweizweite Jägerpromotion. Zumindest das Jagdmagazin *Jagd&Natur* hat sofort reagiert und einen Link zur Moorhuhnjagd geschaltet. Vielleicht eine vorausschauende Tat? Denn wer weiß, ob die Jagd nicht abgeschafft wird, bevor der letzte Jäger ausgestorben ist. Dann könnten diese jagdlichen Mohikaner wenigstens noch virtuell auf die Pirsch gehen, unter Anleitung unseres größten Jagdmagazins und seines Chefredakteurs „Chicken Charly" an der Hotline.

Katalysatoren für Wildtiere

Jetzt haben wir es schwarz auf weiß: Unsere Landwirtschaft liefert einen Anteil von 5,5 % an den gesamten Treibhausgasemissionen und von 92 % am gesamten Ammoniak-Stickstoff. So stand es jedenfalls in der Broschüre *Umwelt* 4/04 des Bundesamtes für Umwelt. Mit anderen Worten, unsere Rindviecher, Schweine, Hühner, Schafe, Ziegen, Pferde und Kaninchen stinken zum Himmel. Und als ob dieses bundesamtliche An-den-Pranger-Stellen der durch abwärtszeigende Agrarpreise bereits arg gebeutelten Landwirte nicht schon genug wäre, gab SP Alt-Parteipräsident Peter Bodenmann noch einen oben drauf und bezeichnete die Bauern in der Zeitschrift *Weltwoche* als «Brunnenvergifter der Nation». So weit, so schlecht.

Sie aber werden sich fragen, was das uns Jäger angehen soll? Seien wir doch froh, für einmal aus der Schusslinie zu sein und entspannt von außerhalb des Zielhanges mit ansehen zu können, wie eine andere Minderheit im Sperrfeuer der öffentlichen Meinung weidwund geschossen wird! Sie hätten mit Ihrem Einwand natürlich recht, wären die Bauern nicht wichtige Verbündete von uns, die man, auch wenn nicht immer alles Gold ist, was stinkt, nicht einfach so in die Pfanne hauen sollte. Und, was noch wichtiger ist, neben den Bauern sind wir Jäger die einzigen Heger, Pfleger und Nutzer von Hunderttausenden von Zwei- und Vierbeinern. Hat es jetzt Klick gemacht? Was geschieht wohl, wenn die Umweltforscher dahinterkommen, dass auch unsere Wildtiere stickstoffreich emissionieren? Und das in einer Zeit, in der landauf, landab die kantonalen Finanzdirektoren im Bodensatz ihrer leeren Geldschatullen über ihre finanzpolitische Zukunft orakeln und die Steuervögte gierig nach dem allerletzten Steuergroschen Ausschau halten. Greifvögeln gleich, die bei geschlossener Schneedecke auch noch nach dem letzten verdorrten Mäuseschwanz stoßen. Ja, in einer solchen Notzeit finden die modernen, kreativen Gaukler stets noch ein steuerliches „Sesam, öffne dich", weshalb es bis zur Einführung einer eidgenössischen Furz-Steuer nur noch ein kleiner Schritt sein wird. Die Rechnung ist dann ganz einfach: Vier

Stück Rotwild ergeben eine Großvieheinheit, beim Gamswild sind es
15 Stück, bei den Maisfeldschändern – die bekommen noch einen
Schädlingszuschlag verpasst – zehn Stück, beim Rehwild 30 Stück,
beim Fuchs 60 Stück. Und da wir ja überall erzählen, wir seien die
Sachwalter aller freilebenden Tiere, werden wir auch noch für die
Abgase der Eichhörnchen, Rabenvögel, Spatzen, Ameisen und von
anderem Getier geradestehen und in den Geldbeutel greifen müssen. Wird dann pro Großvieheinheit eine Kopf-Furz-Steuer von 100
Franken eingezogen, gibt das zusammen schnell mal 100 Kisten.
Kein Klacks! Bereits streifen vom Staat engagierte Wildbiologinnen
und -biologen probehalber durch unsere Wälder. Ausgerüstet mit
Plastiksäckchen und Grillzangen, auf der Suche nach dem Corpus
Delicti. Losung sammeln heißt die neue Losung! Nicht etwa, um diese CO_2-neutral zu verbrennen und dem Stickstoffkreislauf zu entziehen, sondern um das DNA-Profil der Verursacher und damit deren
exakte Bestandeszahlen zu ermitteln. Dies einzig und allein als Be-
rechnungsbasis für die Einführung einer Wild-Furz-Steuer.

*Was da rauskommt, stinkt
zum Himmel.*

Da gibt es nur noch eines: Flucht nach vorne. Wir haben doch nicht nur Manager und Glossenschreiber in unseren Reihen, sondern auch Denker und Tüftler. Deshalb meine ultimative Aufforderung an diese Hoffnungsträger unserer Jagd: Nicht Laserkanonen für die Schwarzwildjagd sind jetzt gefragt, sondern Katalysatoren für Wildtiere. Macht euch um Dianas Willen auf die Läufe und setzt euch mit Mikro- und Nanotechnologen zusammen. Die Anforderungen sind klar: Umweltverträglich, kostengünstig und leicht zu applizieren müssen die Stickstoffvernichter sein. Sobald die Katalysatoren auf dem Markt verfügbar sind, kehren wir den Spieß um und fordern für deren Einsatz Subventionen vom Bund. Gemeinsam mit unseren subventionserprobten Freunden aus der Landwirtschaft. Denn auch diese werden mit unserer Erfindung die Abgase ihrer Zwei- und Vierbeiner umweltfreundlich beseitigen können. Und nicht nur das. Für unsere Landwirte wird sich ein ganz neues Betätigungsfeld auftun. Katalysatoren implantieren anstatt Emmentaler produzieren, das wird die Zukunft unserer Bauern sein.

Schäfchen zählen

Hanspeter Egli, seit Mai 2010 neuer Präsident von JagdSchweiz, zählt offenbar immer noch seine Schäfchen. 23.526, 23.527, 23.528 … Anders ist nicht zu erklären, weshalb wir im Jagdmagazin *Jagd&Natur* bis in den September hinein von ihm noch nicht gehört haben, wohin die jagdliche Reise mit ihm gehen soll. Damit tritt er fährtensicher in die Fußstapfen seines Vorgängers, während dessen Präsidialjahren wir JagdSchweiz-Schäfchen von ihm wenig bis gar nichts gehört hatten. Dabei sind wir doch gespannt darauf, wohin uns unser Hirte führen möchte. Wo sind die vollfetten Äsungsflächen, an denen wir uns den Pansen vollschlagen können? Mit welchen Schutzmaßnahmen will er uns vor den bösen Wölfen und den Jagdgegnern schützen, und aus welchem Subventionstopf gedenkt er, Laut gebend, unsere Ansprüche gegenüber der Öffentlichkeit geltend zu machen? 23.529, 23.530, 23.531 … Vielleicht wird Hanspeter Egli beim Zählen ganz einfach immer wieder von seinem Buchhalter unterbrochen, der ihm ständig vorjammert, dass mit den mageren Mitgliederbeiträgen keine Schlacht, geschweige denn der Krieg gewonnen werden könne. Kommt hinzu: Schäfchennachwuchs gibt es fast keinen mehr und die alten Böcke sterben langsam, aber sicher aus.

Der böse Wolf von der Alpe Scex war sicher auch am Schäfchenzählen, als ihm Mitte August die Kugel des Wildhüters durch den Balg drang. Eine Meisterleistung des Schützen, ein abgezirkelter Blattschuss und erst noch Balg schonend. Unsere größte Boulevard-Zeitung *Blick* war wie üblich dabei und zeigte in Großaufnahme und mit rotem Kreis umrandet die Ausschussstelle auf dem Fell der Bestie oder, je nach Standpunkt, des armen Wölfli. Doch die Leserschaft machte in gewohnter Einigkeit alsbald Hatz auf den Wildhüter, dessen Tun sie überhaupt nicht als gute Tat für Schafe und Rinder qualifizieren mochte. Dabei lag die Schuld an seinem Tod bei Wölfli selbst. Denn wenn schon Schäfchen zählen, dann richtig und im Bewusstsein, dass man sich beim Zählen auf Walliser Boden befindet, wo der Zählrahmen halt nicht wie anderswo tickt. Ist doch klar, dass zwei gerissene Rindviecher nicht gleich zwei toten Schafen sind, sondern dass da Großvieheinheiten zählen, die einem Äquivalent von etwa zehn Schafen entsprechen. Deshalb hatte Wölfli samt Partnerin mit dem Reißen und Ausweiden von zwei Rindern in einer Nacht den Bogen massiv überspannt. Ein Grund mehr, dass wieder jene Rufer die Überhand gewannen, die der Meinung sind, Wölfe, besonders solche italienischer Herkunft, hätten in der Schweiz im Allgemeinen

Hier ist Schafe zählen noch einfach.

und im Wallis im Besonderen nichts zu suchen. Sollen die doch zurück in die Abruzzen und dort ausgemergelte Schafe sowie klapprige Rinder von ihren Leiden erlösen und sich nicht an unseren vollsubventionierten Schwarznasen vergreifen. Denn diese Urschafrassen dort unten seien noch wie unsere Wildtiere oder wie die von Löwen abgewürgten Zebras an afrikanischen Wasserlöchern: Zäh, von Geburt an leidgeprüft und als Raubwildopfer auserkoren.

Die fünf Berberaffen, die im Spätsommer aus einem Zoo in Frauenfeld ausbüxten, haben bestimmt keine Schäfchen gezählt. Denn die haben mit Schafen gar nichts am Hut. Dagegen mit Bananen, Orangen, Kokosnüssen und anderen Leckereien, die ihnen mitleidbewegte Tierschützer haufenweise in den nahen Stadtwald brachten. Was dem Zoodirektor gar nicht gefiel, denn wo Futter ist, da lass dich ruhig nieder. Das begriffen natürlich auch der Affenmann und sein Harem. Deshalb sorgten eine Affenflüsterin und das Betäubungsgewehr eines Tierarztes dafür, dass eine Haremsdame nach der anderen samt Nachwuchs wie reife Früchte von den Bäumen fielen und nun wieder im Tiergehege untergebracht sind. Nur der Pascha entzog sich den Häschern hoch in die Baumkronen und kann nun von außen seine Schäfchen zählen. Die Experten, und davon gibt es in solchen Momenten stets mehr als genug, hoffen nun, dass Adam seine Freiheit aufgeben und sich ebenfalls in den Käfig begeben wird, sobald eines seiner Weibchen ihren alles betörenden Brunftduft ausströmen wird. Das hätten die Affen in ihrer langen Evolutionszeit von den Menschen übernommen. Oder ist es wohl umgekehrt?

Und die Moral von der Geschichte: Schäfchen zählen kann tödlich sein, muss es aber nicht.

Wildsaujagd

Ausgangs Winter 2011 tat sich in Arbon, an den Gestaden des Bodensees, Erstaunliches. Nicht nur, dass im jahrzehntelang mit roter Beteiligung regierten Saurerstädtchen der SP-Vertreter im Stadtrat außer Traktanden fiel, nein, zur selben Zeit lud die Vereinigung „Kultur lebt" zur Wildsaujagd ein. Wer nun glaubt, diese Veranstaltung hätte etwas mit der politischen Kultur in Arbon zu tun, liegt falsch. Der Erfolg war gewaltig. Es kamen gut 200 Zuhörerinnen und Zuhörer, vom sechsjährigen Buben bis zur 80-jährigen Großmutter. Um zu staunen und zu hören, was denn auf so einer Wildsaujagd alles abgeht. Und ab ging die Post, angeführt von den zurzeit wohl bekanntesten sechs Jägern der Schweiz: Marius und die Jagdkapelle. Die Kollegen spielten auf, führten die Zuhörer gleich einmal in die wichtigste Maxime einer Wildsaujagd ein – „d'Wildsau, die ist schlau" – und zeigten damit den Kindern, dass wir Jäger es mit den Schwarzkitteln nicht einfach haben. Der Saal bebte, die Kids kreischten und selbst die Omis wiegten ihre von Arthrose geplagten Hüften. Nur eben, wieder einmal stand unser Verband JagdSchweiz an einem der größten jagdlichen Events der Schweiz abseits, so wie auch an den anderen rund drei Dutzend Aufführungen der Jagdkapelle, die jedes Jahr in unserem Land stattfinden. Dagegen ist das jagdliche Fußvolk diesbezüglich schon voll im Trend. So konnte man im Internet lesen, dass sogar der Chef des St. Galler Amtes für Jagd und Fischerei zu den Konzerten komme, wohl um sich dort die neuesten Trends in Sachen Jagdmusik anzuhören. Dabei wäre es doch für JagdSchweiz die große Chance, zusammen mit Marius, Tombär, Bärechrüseler, Ratzfatz, Supertreffer und Peter dem Wolf auf die Öffentlichkeit bearbeitende Pirsch zu gehen. Zum Beispiel mit einem Background-Chor unter der Leitung unseres Geschäftsführers. Stellen Sie sich vor: Das Konzert neigt sich seinem Ende zu und der sonst stets diskret im Hintergrund agierende Chorleiter bekommt, zusammen mit seinen Vorstandskollegen, seinen großen Soloauftritt mit dem Anti-Schützer-Song:

Die Oberjäger – Marius und die Jagdkapelle

Der STS und d'Pro Natura
Händ öfters mal e grossi Schnurra,
si reded vill und mached wenig,
es gaht ne bloss um goldigi Pfennig.
Sisch Habakuk, ja Habakuk,
nur d'Jeger händ de richtig Look.

Der STS (Schweizer Tierschutz) und die Pro Natura
haben öfters mal ein großes Mundwerk,
sie reden viel und machen wenig,
es geht ihnen bloß um goldige Pfennig.
Es ist Habakuk, ja Habakuk,
nur die Jäger haben den richtigen Look.

Die Kids wären wohl nicht mehr zu halten, stürmten die Bühne und holten ihre Autogrammtrophäen. Das wäre grandiose und nachhaltige Öffentlichkeitsarbeit und gleichzeitig der Start zu einer gezielten Nachwuchsförderung. Und die ist tatsächlich vonnöten. Wenn man die in den letzten Ausgaben von Jagd&Natur veröffentlichten Bilder von Jahresversammlungen genauer ins Visier nimmt, muss man unweigerlich und emotionslos zum Schluss kommen, dass 50 % von uns Jägern in 20 Jahren ihre Fährte nicht mehr in unseren heimischen Gefilden ziehen werden und damit unsere Spezies ab sofort als vom Aussterben bedrohte Art auf die Rote Liste gehört. Bestimmt wäre es möglich, beim Bundesamt für Umwelt für ein Chorprojekt mit der Jagdkapelle Förderbeiträge locker zu machen. Denn es gäbe keinen trostloseren Anblick, als wenn unser höchster Jagdverwalter keine Jäger mehr zum Verwalten und Jagdgegner keine Feindbilder mehr zum Pflegen hätten. Mit dem Geld könnte man dann die jagdlichen Sänger in eine Grundausbildung schicken, damit es im Chor nicht zu allzu vielen Dissonanzen kommt.

Und wenn sich später unsere Verbandsoberen wieder einmal unter die Öffentlichkeit mischen, würden sie von ganzen Schofen von Fans umstrichen und angequakt: „Gäll, du bisch Jeger?" Ein hundertprozentiger Wiedererkennungswert durch unsere kleinsten Schäfchen wäre den Sängern garantiert, ein Spitzenergebnis, das nicht einmal unsere Ex-Miss Schweiz Christa Rigozzi schafft. Damit gilt für Jagd-Schweiz immer noch die Devise „Schäfchen zählen". Denn auch aus dem kleinsten Lamm wird einmal ein großer Schafbock. Außer der böse Wolf frisst es zwischenzeitlich auf.

Auf den Hund gekommen

Nicht dass ich in meinem bisherigen Jägerleben hundelos durch die Jahrzehnte gepirscht wäre. Im Gegenteil, Silva, Arco, Less, Kira, Anda und Sanja sind nur ein paar der treuen Vierbeiner, die mich von Kindsbeinen an auf Ansitz, Pirsch oder Drückjagd begleitet und mir manch unvergessliches Jagderlebnis beschert haben. In all diesen Jahren habe ich auch die unterschiedlichsten Erziehungsformen erlebt. In den Sechzigern die Dressur mit Koralle und Teletakt, mit denen die Welpen ihrem Meuteführer bedingungslos untergeordnet wurden. So nach dem Motto „Zuckerbrot und Peitsche", wobei das Zuckerbrot dem Hundeführer und die Peitsche dem Hund gehörten. Anschließend die Jahre der antiautoritären Erziehung, wo ich in den ersten Wochen auf der Bettvorlage nächtigte und der sensible Junghund im Ehebett seiner meditativen Selbstfindung entgegenschlief sowie seine tief in ihm schlummernden Fähigkeiten ungestört entfalten und seine pränatalen Traumata bewältigen konnte. Und dann noch die Zeit des aufgeklärten Realismus: Ein Welpe würde zwar in den Zwinger gehören, da wir Zweibeiner jedoch mehr profitieren, wenn er unter uns lebt, bleibt er sinnvollerweise im Haus bei seinem Rudel. Mit jeder Erziehungsmethode bin ich eigentlich stets gut zurande gekommen. Jedenfalls waren es alle erfolgreiche Jagdhunde, wurden früher oder später stubenrein, frassen mehr oder weniger Autopolster und Schuhe, gingen schön bei Fuß oder auch nicht. Das heißt, sie waren durch und durch ganz normale Hunde, wie man sie als Dackel, Niederläufer, Wachtel oder Vorstehhund landauf, landab auf unseren Jagden antreffen kann.

Jetzt aber ist alles ganz anders. Kira war in die ewigen Jagdgründe hinübergewechselt und ein Neuer musste her. Ein Blick auf die Website des Hundeklubs, ein Anruf und schon konnte der neunwöchige Dachsbrackenwelpe besichtigt werden. Nach einer halben Stunde beobachten war alles klar: Dieser musste es sein. „Und wie heißt er denn?" „ALF!" Und schon höre ich Sie lachen. Was, Alf, diese 90 Zentimeter große, pelzige Kultfigur aus dem All, die Ende der

Achtzigerjahre laut rülpsend quer durch alle TV-Sender lümmelte und den Kids massenhaft Ideen lieferte, wie sie ihre Eltern nicht nur schocken, sondern auch laufend zu Sonderausgaben bringen konnten. Alf, der in Google innerhalb von 0,14 Sekunden 19,2 Millionen Hinweise liefert. Alf, der Katzenschreck, der auf die Frage, wofür er denn ein Backblech brauche, knapp antwortet: „Weil der Kater nicht in den Toaster passt."

Alf oder nicht Alf, das ist die Frage!

Nomen est omen! Die Nachhausefahrt verschlief Alf noch friedlich. Im Nachhinein gesehen war das aber nur ein Auftanken für die ersten Schandtaten. In kürzester Zeit war das übliche Sortiment Welpen gefährdeter Gegenstände abgehakt: angenagte Schuhe, Socken, Stuhlbeine und Ähnliches blieben auf der Strecke. Das konnte man auf Grund langjähriger Erfahrung noch gelassen verdauen, abgehärtet im Wissen, dass die Vernunft bald obsiegen wird. Dann aber die erste Steigerung, der Angriff auf herabhängende Kabel und deshalb plötzliche Funkstille am Telefon. Der interessierte Kunde abgehängt, der Auftrag im Eimer und unter dem Pult ein treuherzig in die Welt schauender Alf, der sofort begriff, dass sein Meister überglücklich war, dass nur das Telefon- und nicht das Stromkabel samt Hund geopfert werden musste. Anschließend eine Attacke auf die 2.000 Franken teure Fuchsdecke auf dem Sofa, auf dem sich so wunderbar von Katzen und anderem Getier träumen lässt, und schließlich, als vorläufiger Höhepunkt, die Inbesitznahme der gesammelten Werke von Goethe, die Alf innerhalb kurzer Zeit zu Altpapier machte. Eine Bekannte riet mir, eine Wasserpistole zu kaufen und Alf bei jedem auch nur ansatzweise erkennbaren Versuch einer Schandtat sofort abzuspritzen. Ich füllte gleich die 5-Liter-Baumspritze mit Wasser, nahm Vaterschaftsurlaub und bezog meinen Wachtposten. Das Resultat: Vom Wasser abgelöste Tapeten, aufgequollenes Parkett und Alf, der firme Wasserhund, der voller Freude seine Gummiente aus dem mitten in der guten Stube entstandenen Tümpel apportierte. Ich resignierte, zerriss Impfausweis und Stammbaum und nannte Alf fortan Bosco. Und der ist nun der bravste Welpe landesweit.

Bambi II

Da hatten wir Jäger, allen voran unsere Kollegen aus dem Kanton Aargau, in den letzten Monaten und Jahren verschiedentlich unsere Klingen mit mehr oder weniger spirituellen Jagdgegnern gekreuzt. Hatten, Hubertus sei Dank, mit viel Rückendeckung durch die jagdfreundliche Bevölkerung, jeder Menge Öffentlichkeitsarbeit und Slogans wie „Erst die Hecke, dann der Bock" oder „Erst schützen, dann schießen" uns schon fast an den Rand der jagdlichen Entsagung gebracht. Dorthin, wo jagen nicht mehr Beute machen bedeutet, sondern vom Waldkindergarten zum Pensioniertenkaffee hetzen, beim Waldumgang der Gemeinde dem interessierten Fußvolk die Dachsbauten zeigen und den jungen Müttern und deren Frischlingen für ihren Grillnachmittag eine wohlvorbereitete Feuerstelle samt Eistee zur Verfügung zu stellen. Immerhin erlaubten uns all diese Aktionen, unsere Jagdklamotten, unsere Flinten und Büchsen, unsere treuen Vierbeiner und vor allem unsere Passion in die jagdliche Neuzeit hinüberzuretten.

Alles vergebene Liebesmüh. Der Feind hat eine neue Masche entdeckt. Psychologische Kriegsführung ist angesagt und nicht mehr sprachliche Niedlichkeiten wie „Jäger sind Mörder" oder das Umsägen von Hochsitzen und Stören von Drückjagden. Das alles ist jetzt Schnee von gestern. Der Tsunami von morgen heißt Bambi II. Haben Sie sich diesen neuesten Knüller von Walt Disney schon angesehen? Wenn ja, dann gehören Sie, wie ich auch, zur bedauernswerten Spezies von Jägern, welche nun den Inseratenteil unserer Jagdzeitschriften mit Verkaufsinseraten überschwemmen. Jede zweite Anzeige beginnt denn auch mit „Wegen Aufgabe der Jagd preiswert zu verkaufen", die restlichen 50 % mit „Jungnaturschützer verkauft seine dunkle Vergangenheit, günstig".

Sollten Sie aber Bambi II, dieses „Kinderkino herrlichster Art" (Originaltext aus der Werbung), noch nicht gesehen haben, dann danken Sie Diana. Doch die Gefahr ist nicht gebannt. In den Kinos ist jetzt zwar die erste Angriffswelle verebbt, doch erfolgt nun die subversive Beeinflussung unserer Jugend über andere Medienkanäle. Verbieten Sie deshalb Ihren Kindern und Enkeln das Herunterladen von Bambi II aus dem Internet und fördern Sie mit dem Aussetzen von Prämien das Betrachten von aufbauenden Sendungen wie das „Sandmännchen" oder „Schneewittchen", die unsere Jugendjahre so außerordentlich positiv geprägt haben.

Aber was ist denn an Bambi II, wie auch am Urbambi so subversiv? Es sind die treuherzigen Bilder, die wahnsinnig vernünftig vor sich hin redenden Tierkinder und die Heile-Welt-Handlung des Films, welche selbst das steinernste Jägerherz zum Schmelzen bringen. Dieses Idyll mit Schüssen zerstören muss zwangsläufig zu Anti-Jagd-Reflexen führen – auch noch 64 Jahre nachdem der Schuss aus einer Jagdflinte die Rehmutter zu Schnitzel und Pfeffer und Bambi zur Vollwaisen machte. Die Geschichte geht deshalb weiter: Der Herr der Wälder, ein stattlicher Weißwedelhirsch, nimmt sich des schutzsuchenden und frierenden Bambis an, und macht sich Gedanken darüber, wie er seinem Findelkind zu einer Ersatzmutter verhelfen könnte. Denn ihm selbst wird der Umgang mit seinem Schützling von Tag zu Tag stressiger. Natürlich findet er die passende Mami. Doch oh Schreck! Wieder sind arglistige Jäger unterwegs, haben eine Schlinge gestellt, in welche die ahnungslose Rehmutter sofort hineintappt und ... Nein, diesmal kann Mama-Reh dank Bambi entwischen, verfolgt von ein paar blutrünstigen Hunden. Und das ist der nächste Schock für ein weiches Jägerherz: Nie und nimmer hätte ich gedacht, dass meine sanfte Dachsbracke oder der verspielte Dackel meines Jagdkollegen derart zur Bestie werden, wenn sie erst einmal hinter einem Stück Wild her sind. Da gibt es nur noch eines: Sie müssen umgehend aus dem Verkehr gezogen werden. Im Film geschieht dies durch Absturz, Ertrinken und anderem Unbill, dem die Hunde ausgesetzt sind.

Einem aufgeklärten Menschen mit Herz – das soll es auch unter Jägern geben – ist das natürlich zu viel. Tränenden Auges verließ ich das Kino, umgeben von schluchzenden Kindern und Großmüttern mit gänzlich nassen Taschentüchern. Eis und Popkorn waren vergessen, nur rasch diesem Ort des Grauens entfliehen. Draußen erwarteten uns Frauen mit dunklen Bambi-Kuller-Augen, Unterschriften für

Foto: wikimedia/HarshLight

Bambi mit seinen Freunden im Blumengarten

die nächste Jagdabschaffungsinitiative sammelnd. Alle unterschrieben, auch ich und ebenfalls jenes Grosi neben mir, das mit seinen Enkeln in der Pause noch Mega-Schinken-Sandwiches verfuttert hatte.

Seid fruchtbar

Die Fakten vorweg: In der Schweiz nahm die Wohnbevölkerung von 1985 bis 2004 um gut 14 % auf rund 7,3 Millionen Einwohner zu. Im Jahr 2015 sind es bereits mehr als acht Millionen. An (vierbeinigen) Rindviechern weist die Statistik 1,57 Millionen aus, an Schweinen ebenso viele. Bei den Wildtieren (Hirsche, Gämsen, Rehe, Schwarzwild) wird vom Bundesamt für Umwelt ein geschätzter Bestand von 250.000 Tieren angegeben. Wenn wir diese Zahlen auf 100 Hektar Wald umrechnen, um zu sehen, was unsere grüne Lunge so alles zu versorgen hat, ergibt das 600 Menschen, 250 Rindviecher und Schweine sowie 20 Stück Schalenwild. Somit leben in der Schweiz 42 Mal mehr domestizierte Zwei- und Vierbeiner als Schalenwild. Echt krass, diese Zahlen. Doch damit noch nicht genug. 33 % der Besucherinnen und Besucher der Wälder um den Ort Muttenz wiesen auf die Frage, wozu der Wald dient, auf dessen Funktion als Sauerstoffproduzent und Luftreiniger hin. 23 % waren der Ansicht, dass er der Erholung und Freizeitnutzung diene, grad noch 13,7 % wussten, dass der Wald auch Lebensraum für Tiere und Pflanzen bietet und 6,1 % meinten, dass ihre IKEA-Möbel in der guten Stube nicht aus zermahlenen Elchgeweihen gefertigt werden, sondern irgendetwas mit Wald und Holz zu tun haben müssen.

Ein ernüchterndes Resultat, denn es bedeutet, dass der Wald für viele zur Freizeitarena verkommen ist. Nicht Waldesruh, sondern Forest Events sind angesagt. Dies hinterlässt Spuren. Die 250.000 Menschen, die jährlich den Allschwiler Wald bei Basel durchtrampeln, zerstören die Bodenvegetation so stark, dass man als Folge davon eine super Rund- und Durchsicht zwischen den Baumstämmen hindurch genießen kann. Somit ist klar: Was sich im Wald zurzeit noch vermehrt, ist nicht das Wissen des Freizeitmenschen um Wald, Wild und Natur, sondern sind Jogger, Spaziergänger, Reiter, Biker und Borkenkäfer.

Seid fruchtbar und mehret euch! Diese deutliche Aufforderung zur Kopulation stammt aus dem ersten Buch Moses und ist kein Remake

Auf 100 Hektar Wald kommen in der Schweiz 600 Menschen und …

des Bundesamtes für Umwelt zur Rettung des Feldhasen. Sie kommt auch nicht aus dem Munde eines Jägerpräsidenten, der beim Anblick der vor ihm sitzenden ergrauten und kahlgeschlagenen Häupter nach mehr ehelicher Aktivität seiner Mitglieder ruft, um damit den jagdlichen Nachwuchs zu sichern. Nein, „Seid fruchtbar und mehret euch" ist der ultimative Aufruf der Politiker an ihre lieben Mitbürgerinnen und Mitbürger. Denn das große Zittern um ihre schwindende Wählerbasis, die leeren Rentenkassen und die Angst, dass es angesichts von 1,3 Milliarden Chinesen und offenen Grenzen in 20 Jahren nur noch Schweizer „mit Schlitzaugen" geben wird, hat zu einem Familien-Politiker-Boom geführt. Nicht die Null-Kinder-, sondern die Zehn-Kinder-Familie ist wieder gefragt. Denn was wäre ein Politiker ohne Stimmvolk oder der letzte echte Urschweizer unter zehn Millionen Chinesen. Und so sollen sich Männlein und Weiblein paaren wie die Kaninchen, ohne viel Freude zwar, aber mit umso mehr Effizienz. Geburtsprämie, Mutterschaftsurlaub, mehr Kindergeld, Kinderhort, Pariser raus! Das sind die neuen Schlagworte. Und das Resultat davon in 50 Jahren? Pro 100 Hektar Wald wird es 1.000 Menschen geben. Wildtiere sind ausgestorben. Im Allschwiler Wald werden jährlich 500.000 Menschen die Natur genießen und die Förster, die heute noch junge Bäumchen in Reih und Glied pflanzen, werden Plastiktannen in den Wald stellen, Biker-Routen anlegen, Wurfkessel für Hochschwangere bereitstellen und geführte Wanderungen zu den letzten noch real existierenden Waldbäumen anbieten.

Und was geschieht mit uns Jägern? Altes Kulturgut stirbt, zum Ärger mancher extremen Tierschützer, auch unter widrigsten Umständen nicht so rasch aus. So werden wir – auch wenn kein Wild mehr seine Fährten und Spuren durch unsere Wälder zieht – wie bisher stets brav und pünktlich unsere Jagdpachtzinsen bezahlen. Flexibel wie wir sind, haben wir jedoch eine neue, spannende und herausfordernde Jagdart entdeckt. Die Flugwildjagd auf den dann zumal aus Nahrungsmangel vom Aussterben bedrohten Borkenkäfer. Die besten Stände werden sich inmitten der allerletzten Fichtenmonokulturen befinden. Als ideale Schrotgröße sei schon heute Nr. 11 empfohlen.

Haben Sie schon unterschrieben?

Jetzt ist der schon lange erwartete Startschuss zum Mega-Halali auf uns Jäger gefallen. Der jagdliche „Showdown" droht: Jagd gegen Anti-Jagd. Und damit steht das große Streckelegen von 30.000 Schweizer Jägern möglicherweise vor der Tür. Und Sie? Sitzen Sie immer noch seelenruhig vor dem Fernseher, einen der grausig schönen afrikanischen Tierfilme hineinziehend und zwischen Bier und Chips jeweils leicht erschauernd dem finalen Zugriff eines Löwen ins Genick einer zierlichen Antilope zuschauend? Oder noch schlimmer: Sie sitzen gerade auf einem Hochsitz, darauf wartend, dass Ihnen der liebesblinde Erntebock, der rauschige Keiler oder der ranzende Fuchs vor das Rohr läuft. Und dabei nichts, aber auch gar nichts von dem Unheil ahnend, das Ihnen im Genick sitzt. Oder einfach darauf vertrauend, dass es unser Verband schon richten wird.

Trotzdem, haben Sie schon unterschrieben? Nein? Dann gehören Sie gemäß repräsentativer Umfrage der zweitgrößten Schweizer Tageszeitung zur Mehrheit jener Jäger, die der Meinung sind, dass weder Außerirdische noch andere Heils- oder Glücksbringer je in der Lage sein werden, unser seit Wilhelm Tell auf immer und ewig verbrieftes, durch den berühmten Schuss in einen knackigen Apfel deponiertes Recht auf freie Schussabgabe in Zweifel zu ziehen. Denn jagen ist ein Urrecht, jagen ist ein Menschenrecht. Basta! Weidmannsheil!

Wenn Sie aber auf meine Frage mit Ja geantwortet haben, will heißen, Sie haben wie ich die Initiative zur Abschaffung der Jagd bereits am ersten Tag unterzeichnet, haben vom Internet weitere Unterschriftenbögen heruntergeladen, sammeln nun im Bekannten- und Verwandtenkreis eifrig weitere Unterschriften, bringen jeweils den Anti-Jagd-Aktivistinnen und -aktivisten am Samstag an den Zürcher Paradeplatz Rumpunsch und heiße Suppe – bitte keine Hirschwurst oder etwas Ähnliches, das wäre unmenschlich –, ja, dann sind Sie nicht nur ein echter Heger und Pfleger unser Demokratie, sondern haben auch ein weiches Herz für Jagdgegner. Denn stellen Sie sich vor, Sie würden Unterschriften für die Abschaffung der Jagd sammeln und keiner kommt hin und unterschreibt, die Novemberkälte unterkühlt Ihre Seele und niemand wärmt Sie auf. Frust, nichts als Frust würde Sie ergreifen. Die durchnässten Bögen mit dem knappen Dutzend gesammelter Unterschriften würden Sie am Abend verschämt einpacken, um sie zu Hause mit dem Bügeleisen sorgfältig zu trocknen. Und Sie würden sich beim Barte Gesslers schwören, nie mehr bei diesem Volk der Hirten und grün kostümierten Schlächter (Originalton der Jagdabschaffer) eine Initiative zum Verbot der Jagd lancieren zu wollen.

Also: Zeigen Sie Herz, holen Sie Ihre Jagdkollegen vom Hochsitz herunter und hinter dem Fernseher hervor. Fahren Sie am nächsten Wochenende nach Zürich, Basel, Bern und Genf. Unterschreiben Sie, unterschreiben Sie um Dianas Willen diese Jagdabschaffungsinitiative. Wärmen Sie die Jüngerinnen universellen Lebens und deren Mitstreiter mit Ihrem Lodenmantel, spenden Sie Speis und Trank und denken Sie an eines der Gebote Gottes: Du sollst deinen Nächsten lieben wie dich selbst! Das gilt auch, wenn der Nächste zufällig ein Jagdabschaffer ist.

Und: Sollte dereinst die Initiative zur Abstimmung gelangen, ja dann packen Sie am Abstimmungstag alles in Ihr Vierradfahrzeug, was hineingeht. Vom Natur- bis zum Vogelschützer, vom Gemeinde- bis zum Regierungsrat, vom Forst- bis zum Metzgermeister und von der Bauern- bis zur Tierschutzsekretärin. Denn sie alle sagen uns ja immer wieder, wie wichtig die Jagd für sie und die Allgemeinheit sei. Dann kommt der Tatbeweis und es wird gelten: Wer heute Ja sagt, muss morgen Nein stimmen. Und es wird nie mehr eine Abstimmung zur Abschaffung der Jagd geben.

Biberschwanzsuppe

Lange Zeit musste man das Schlimmste befürchten: Weit und breit war kein Biberhaar mehr zu sehen. Doch jetzt ist alles anders! Entwarnung ist angesagt, hat sich doch der Bestand zwischen 1992 und 2014 auf mehr als 2.000 Tiere mehr als vervierfacht. Mit kaum noch vorstellbarer Einmütigkeit begrüßt die Schweizer Bevölkerung vom Genfer- bis zum Bodensee den Rückkehrer. Geht die Entwicklung so weiter, dann ist klar: Die Schweiz wird vom Heidiland zum Biberland. Alpöhi, Heidi und Geißenpeter finden definitiv im Ballenberg ihre letzte Ruhe und die Schweiz wird überrollt werden von Biber-Events.

Schweiz Tourismus ist schon voll am Hirnen. Unter dem Arbeitstitel „Schweizer konsumieren Schweizer Biber" soll der Ansiedler vermarktet werden. Das ist zwar keine direkte Aufforderung, künftig am Nationalfeiertag schweizweit an jedem Gartengrill einen Biber zu rösten. Vielmehr sollen wir uns die zehn Stunden Flugzeit nach Kanada sparen, um dort ein paar tourismusmüde Biber mit mitgebrachten Rüebli zu füttern. Denn Biber ist Biber, unabhängig davon, ob er nun schweizerische oder kanadische Pappeln fällt. Das Projekt ist schon weit fortgeschritten. Angeblich sind bei der Alten Aare bei Dotzigen bereits Gräben entlang des Aarelaufs ausgehoben und Glaswände eingebaut worden, damit die Touristen unter Wasser einen bibernahen Einblick in das mehr oder weniger sündige Familienleben nehmen können, das sich in den Astburgen abspielt. Und Schweizer Fernsehen SRF1 plant sogar eine Serie „Big Brother an der Aare".

Kantone und Gemeinden werden wetteifern um die Gunst der Touristen, die nun nicht nur Berge und Banken bestaunen können, sondern auch noch etwas Lebendiges. Natürlich sind dabei die alten „Biberorte" im Vorteil. Biberbrugg, Biberstein, Biberegg und Bibermühle werden Zürich, Luzern und dem Matterhorn den Rang ablaufen. Dem Zeitgeiste folgend heißen sie dann Beaverbridge, Beaverstone, Beaverjunction und Beavermill. Die Thur wird zum Beaver Creak und der Thurgau zu Beavergau. Alles wird beaverig und endlich haben unsere Kindergartenschüler einen realexistierenden Bezug zu ihrem Frühenglischunterricht. Selbst Bern wird sich überlegen müssen, ob es nicht seine Bären aus Wappen und Bärengraben verbannen und unter den Wasserfontänen auf dem Bundesplatz Biber aussetzen soll.

Foto: wikimedia/Steve

Der Schwanz des Bibers ergibt eine herrliche Suppe.

Und was machen wir Jäger? Anstatt uns den neuen jagdlichen und kulinarischen Herausforderungen zu stellen, stehen wir einmal mehr an der Seitenlinie und warten der Biber, die da kommen werden. Und sie werden kommen! Stimmen die Prognosen der Biberforscher, folgt in 50 Jahren der Schwarzwildschwemme eine Biberschwemme. Abertausende werden in unseren Seen sowie entlang der Bach- und Flussläufe leben. Also höchste Zeit für uns Jäger, sich des Breitschwanzes anzunehmen. Denn wenn erst der letzte Baum gefällt, die letzte Kläranlage gestaut und das letzte Schwimmbad in eine Biberburg umfunktioniert worden ist, sind wir definitiv zu spät. Die Jagd wird schwierig sein. Denken Sie nur an Unterwasser-Pirschgänge oder Unterwasser-Bewegungsjagden. Und der Nachtansitz am Fallbaum? Biber grunzen und blasen nicht wie das Schwarzwild, also ist auch kein Sekundenschlaf erlaubt. Ein fallender Biberbaum auf des Jägers Schädel würde nachhaltigere Spuren hinterlassen als eine .300 Weatherby-Magnum. Deshalb: In Zukunft wird Helmtragen auf der Jagd zur Pflicht. Und sollten Sie dereinst einmal Weidmanns-heil gehabt, die Klamotten getrocknet und die Harpune eingefettet haben, stellt sich die Frage, was mit der Strecke gemacht werden soll. Kadaververwertung? Sicher nicht! Deshalb hier zur Einstimmung ein altes indianisches Rezept für eine delikate Biberschwanzsuppe:

Das Fleisch sorgfältig aus der Kelle lösen, über Nacht in eine Ma-rinade aus Feuerwasser und Blaubeeren einlegen, gut abtropfen las-sen, in einem Bräter zusammen mit 300 g geräuchertem Schinken vom Braunbären (aus dem Berner Bärengraben) scharf anbraten. Mit der Marinade ablöschen, mit 2 l Wasser auffüllen und mit Bibergeil ab-schmecken. Wildkräuter beigeben und so lange simmern lassen, bis sich das Fleisch von den Knochen löst. Durch ein Sieb passiert, gebun-den und nochmals gut nachgewürzt ergibt dies eine Suppe, die Ihnen und Ihren Jagdkollegen nachhaltig in Erinnerung bleiben wird.

Rotkäppchen

Es war einmal ein kleines artiges Mädchen, das hatte jedermann lieb, der es nur ansah. Am allerliebsten aber seine Großmutter, die ihm einmal ein Käppchen von rotem Sammet schenkte. Und fortan hieß man das Mädchen nur noch Rotkäppchen. Eines Tages sprach seine Mutter zu ihm: „Komm, Rotkäppchen, da hast du ein Stück Linzer Torte und eine Flasche Merlot. Bring beides der Großmutter hinaus in den Wald. Sie ist krank und schwach und wird sich daran stärken können. Aber gib acht, bleib hübsch sittsam auf dem Weg und beeile dich." Rotkäppchen machte sich auf den Weg und begegnete draußen im Wald dem bösen Wolf. Dem lief gleich das Wasser im Munde zusammen: Rotkäppchen, Großmutter, Kuchen und mit dem Wein nachgespült, das wäre doch ein Mega-Festfraß. Gedacht, getan. Die Großmutter war zäh wie Büffelleder, Rotkäppchen ein Leckerbissen, der Kuchen viel zu wenig und der Wein war sauer. Trotzdem, die Begierde war gestillt und der Wolf konnte, überlaut schnarchend, seinem Frevel nachträumen. Wäre da nicht eben der Jäger an Großmutters Haus vorbeigegangen, sich wundernd, dass die Alte so laut schnarchte, dass sich die Balken bogen.

Der Rest war Routine. Der Jäger griff zur Schere, und flugs kamen nicht nur Großmutter und Rotkäppchen wohlbehalten ans Tageslicht, sondern auch Wein und Kuchen. Die Freude war groß. Schnell noch dem Wolf ein paar Steine im Bauch deponiert, sodass dieser, als er wegrennen wollte, gleich tot umfiel. Hei, gab das ein Fest. Der Jäger zog dem Wolf den Balg über den Kopf, die Großmutter stärkte sich an Kuchen und Wein und Rotkäppchen gelobte hoch und heilig, nie mehr vom Weg der Tugend abzukommen.

Es war einmal ... Alles Märchen. Heute gibt es keine kleinen, artigen Mädchen mehr, die Käppchen aus rotem Sammet tragen. Die kranken und schwachen Großmütter leben nicht mehr im Wald, sondern in Pflegeheimen und die Wölfe gelten nicht mehr als böse und arglistig. Also alles paletti, könnte man denken. Ja, wären da nicht noch ein paar Schafzüchter und Jäger, Urgesteine sozusagen, die offenbar von Grimms Märchen in ihrer frühesten Jugend derart traumatisiert wurden, dass sie immer noch an den Kinder und Großmütter mordenden Wolf glauben und dies auch lautstark bei jeder unpassenden Gelegenheit kundtun. Damit halten die paar „Märchenerzähler" unsere Jagdverbände immer wieder mal auf Trab, weil sie Wolf und Luchs nicht nach Märchenart mit Schere und Wackersteinen zu Leibe rücken, sondern mit Büchse und Blei. Dass deshalb ab und zu ein gar seltsam zu Tode gekommener Wolf oder ein bleigespickter Luchs in der Presse auftaucht, macht die Sache der jagdlichen Öffentlichkeitsarbeiter bestimmt nicht leichter. Und wenn dann diese „Märchenerzähler", deren Abneigung gegen Wolf und Luchs eher auf Futterneid beruht denn auf wildbiologischem Basiswissen, noch Unterstützung von auf Stimmenfang fixierten Politikern und abtretenden Jagdverwaltern erhalten, geraten Wolf und Co. gar arg in Bedrängnis. So meinte doch kürzlich der in den Ruhestand hinüberwechselnde Walliser Jagdverwalter im *Schweizer Jäger*: „Zurzeit haben wir mehrere dieser Raubtiere, und je mehr wir solche erhalten, umso weniger bleibt dem Jäger." Total logisch! Weshalb haben wir aber dem gemeinen Volk und Generationen von Jägerprüfungskandidaten jahrzehntelang das Märchen vom Heger und Pfleger erzählt, der die armen und meist kranken Tiere nur abschießt, weil Bären, Wölfe und Luchse als barmherzige Samariter und Gesundheitspolizisten fehlen? Und weshalb wird aus allen Rohren geschossen, verbal und mit Blei, kaum streckt ein Wolf seinen Fang über die Grenze?

Doch halt! Märchen enden nie mit Fragen, sondern immer mit einem Happy End. Deshalb: Es wird einmal ein kleines, aber reiches Land geben. Eines Tages beschließen dessen Menschen, die Alpweiden und Berge oberhalb der Baumgrenze wie früher den Wildtieren zu überlassen. Fortan weiden dort Gämsen, Steinböcke und Wölfe im Schafspelz einträchtig nebeneinander. Mittendrin Rotkäppchen, Edelweiß pflückend und im Halbstundentakt einen Juchzer ausstoßend. Und die ganze Idylle wird von CNN als alpenländische Reality-Märchen-Show live in alle Welt übertragen.

Meine Alte günstig abzugeben

Jagdzeitschriften sind nicht nur eine unerschöpfliche Quelle jagdlichen Wissens, sie dienen auch der Unterhaltung und bieten im Anzeigenteil ein großes Beutespektrum für den Schnäppchenjäger. Nur, um all das, was da zum Verkauf angeboten wird, auch richtig verstehen und einordnen zu können, braucht es oftmals ein spezifisches Fachwissen. Ich denke dabei nicht unbedingt an das regelmäßig erscheinende Inserat, in dem Wisis-Weidloch-Haken angepriesen wird. Denn jeder Jäger, der sich schon einmal mit dem Inneren eines Schmalreh- oder Kitzbeckens beschäftigt hat und dem ein Strahl aus der übervollen Blase verdächtig nahe an der etwas gar vorwitzig tief gehaltenen Nase vorbeigeschrammt ist, versteht Sinn und Zweck von so einem Werkzeug sofort zu schätzen. Nein, ich meine damit all die kunterbunten Angebote unter den Rubriken Hunde, Waffen, Jagdreisen, Autos, Jagdbeteiligungen sowie Urlaub, in denen kurz und bündig mit möglichst wenigen Worten, und damit Inseratekosten sparend, das Angebot verkaufsfördernd angepriesen wird. Und nicht zuletzt auch den Rammelplatz, wo sich die Försterliesel mit Kind nach dem reifen Weidmann sehnt, bei dem sie sich anlehnen und mit ihm zusammen das Lebensrevier erpirschen kann. Oder wo sich der noch stramme Mitfünfziger nach diversen Enttäuschungen zwecks Neuausrichtung ein liebevolles und anschmiegsames Bambi sucht.

Aber aufgepasst: Besonders deutsche Jagdzeitschriften stellen beim Anzeigenlesen den Unkundigen, was die Entschlüsselung der knapp gehaltenen und oft abgekürzten Angebotsbeschreibungen betrifft, vor fast unlösbare Rätsel. Natürlich weiß ein Jagdhundekenner, dass ein BGS-Welpe ein junger Bayrischer Gebirgsschweißhund ist. Steht die Abkürzung BGS aber unter der Rubrik Jagdverpachtung, ist damit plötzlich ein Begehungsschein gemeint. Dieser kann ent. oder unent. sein, was bedeutet, dass er etwas kostet oder eben gratis ist. Ist ein Hund spl., dann ist er das, was wir uns von ihm auf unseren

Drückjagden wünschen, nämlich spurlaut. Und gibt es die Welpen o. P., dann bedeutet dies nicht, dass sie kurz nach dem Kaiserschnitt direkt aus dem Operationssaal angeliefert werden, sondern dass sie ohne Papiere im Angebot sind, also Fifi oder Bello heißen und nicht Heido von Lönstein, ein Papierener. Sollten Sie wieder einmal Lust auf selbst gebackenen Kuchen haben, sind Sie bei der jung gebl. Wi. unter der Rubrik Bekanntschaften goldrichtig. Denn die ist nicht nur voll firm im Kuchenbacken und noch 57 J. jung, liebev., häusl., ehrl. und zärtl., sondern auch aufgeschl. u. fröhl. Und weil die Witwe dazu noch unkompl. ist, dürfen Sie die Ku.-Reste. bestimmt im Pl.-Sack mit nach Hause nehmen. Alles klar?

Meine volle Aufmerksamkeit gewann kürzlich aber jenes Inserat, das die Überschrift „Meine Alte günstig abzugeben" trug. Der weitere Text, in dem die Alte als schlank, führig, gut erhalten, wenig gebraucht, reich tätowiert und „geht mit Ihnen durch dick und dünn" beschrieben wurde, machte mich noch neugieriger. Und der Preis von 4.500 Euro ließ mich definitiv ein Foto über E-Mail anfordern. Denn wo erhält man heute für ein derartiges Trinkgeld eine – wenn auch ältere und gebrauchte – Begleiterin, die noch führig und schlank ist und dazu, wohl an den Läufen, erotisch tief tätowiert sein soll. Das Bild überzeugte mich vollends, will heißen, der Handel war bald perfekt. Und jetzt ist sie, die Alte, in meinem Harem bereits problemlos integriert. Eine edle, dunkle Schönheit, tatsächlich führig und leicht, ohne Kratzer, mit herrlicher, tief gestochener Tätowierung. Beim Streicheln über die Läufe machen sich Schmetterlinge in meinem Bauch breit. Und das Tolle an der Sache: Niemand ist eifersüchtig auf meine neue, alte Kipplaufbüchse.

Lieben Sie Apfelkuchen?

Wenn ja, könnte diese Liebe lebensgefährlich, ja tödlich für Sie sein und ich empfehle Ihnen, möglichst rasch auf ein farbenprächtiges, englisches Dessert umzustellen. Ansonsten riskieren Sie, in ein paar Monaten Seite an Seite mit JJ3 im Bündner Naturhistorischen Museum einer staunenden Öffentlichkeit präsentiert zu werden. Ja, so weit sind wir schon, dass der einfache Diebstahl eines warmen Apfelkuchens, der zum Auskühlen auf einen Fenstersims gestellt wurde, das Fass zum Überlaufen bringen und das Todesurteil für den Übeltäter bedeuten kann. Jedenfalls wurde Bär JJ3 aus diesem Grunde zur Strecke gelegt.

Die Aufregung danach war natürlich groß. Ein Kondolenzbuch für Bärenfreunde und -feinde wurde im Internet eingerichtet. Doch noch nicht alle wollten an den Tod des Bären glauben. So schrieb Bärenexpertin Ruth aus Z., dass sie Bärli, wie sie JJ3 liebevoll nannte, ohne Wenn und Aber Asyl im Park ihrer Villa am Zürichberg gewäh-

Foto: wikimedia/Dan Parsons

Der Geruch von Apfelkuchen lockt nicht nur Menschen, sondern auch Bären an.

ren würde. Denn der Bärli erinnere sie so sehr an ihren Mann selig, der auch stets so liebevoll und eigensinnig gewesen sei. Es sollte aber nicht so weit kommen. Bevor ihr Brief samt Asylangebot bei Jagdverwalter Georg Brosi in Chur ankam, war Bärli bereits tot, und nur der warme Apfelkuchen dampfte noch aus seinem Fang.

Was mich bewegt: Ich finde Bärlis Ende schon etwas fies. Da hat doch dieser über Monate, noch etwas zaghaft zwar, aber innig, eine Beziehung zu den Wildhütern aufgebaut. Man kennt sich gegenseitig am Geruch, am Geklapper der Feldstecher und schon beim Heranschnurren des 4x4-Geländewagens weiß der Bärli, dass ihm nun innerhalb der nächsten zehn Minuten eine Ladung Gummischrot auf den Pelz gebrannt wird. Doch plötzlich ist alles anders. Nur wegen dieses unwiderstehlich duftenden Apfelkuchens donnert ihm eine Zehndrei aus einer Bündner Flab-Kanone entgegen. Wobei sich hier sofort die berechtigte Frage stellt, ob es wirklich eine Zehndrei war oder ob sich das Bärenkommando eine .300 Weatherby-Magnum aus dem Unterland ausgeliehen hatte, damit die für Braunbären zwar gesetzlich nicht existierende, aber empfehlenswerte E0 eingehalten wurde.

Aber das soll uns Jäger weiter nicht stören. Vielmehr interessiert uns, ob der Bündner Bär tatsächlich zu Tode kam. Zweifel sind angebracht. Die in der Tageszeitung *Blick* gezeigte Blutspur – ich mag nicht von Schweißspur schreiben – ist vielleicht nur eine Verleitfährte der Bündner Jagdverwaltung. Und auch die etwas gar gequält tönende Aussage von Jagdverwalter Brosi im Regionaljournal von Radio DRS 1, der Bär sei sofort tot gewesen, ist eher unglaubwürdig. Denn jeder durchschnittliche Bärenjäger, der in Kanada oder Alaska einen Schwarz- oder Grizzlybären zur Strecke gebracht hat, weiß zu erzählen, dass sich ein Bär nach dem ersten Schuss immer auf den Hinterläufen aufrichtet und dabei markerschütternd brüllt. Was dem Bärenjäger jeweils die Möglichkeit zum zweiten, tödlichen Schuss gibt. Das soll der Bärli, ein abgehärteter, von weither kommender Immigrant also nicht getan haben. Und: Haben Sie je den toten Bären auf einem Bild, geschweige denn live, tot gesehen? Natürlich nicht! Nirgends in der Presse ein nettes Erinnerungsfoto mit einem Latschenzweig auf dem linken Blatt oder mit Wildhüter samt

Gewehr. Einfach so ein Bildchen für die Nachwelt und die Enkel. Ja, vielleicht ist der Bär gar nicht tot, sondern wurde nur narkotisiert und läuft bereits wieder purlimunter im Park von Ruths Villa umher, bekommt jeden Tag seinen Apfelkuchen und wird inkognito an einem für ihn ungefährlichen Ort, beispielsweise an der Zürcher Bahnhofstraße, Gassi geführt.

Hhm, was riecht denn da so fein vom Fenstersims her? Ein warmer Apfelkuchen zum Auskühlen. Ich kann's natürlich nicht lassen. Sicherheitshalber ziehe ich mir aber eine kugelsichere Weste an.

Luchse mit Heimweh

Am 20. Januar 2003 schlugen Schicksal und Falle in der Nähe von Moutier im Berner Jura erbarmungslos zu. Gefangen war ein sechsjähriges, namenloses Luchsmännchen – nennen wir es Juro – von stattlicher Statur und bester Konstitution. Mit Ausnahme von Hauptdarsteller Juro waren damals alle Beteiligten noch sehr glücklich. Die Luchsforscher stießen auf ihren vollfetten Fang an und die vor zwei Jahren ins Toggenburg zwangsmigrierten Berner Oberländer Luchsweibchen Aura, Baya und Nura schnurrten in freudiger Erwartung der auf sie zukommenden Juragene zufrieden in die Wintersonne. Nur die Toggenburger SVP sammelte, mangels anderer Wahlkampfthemen, bereits Unterschriften gegen weitere vierpfotige Asylbewerber.

Die Wolken am Ostschweizer Luchshimmel verdunkelten sich aber rasch. Die St. Galler im Allgemeinen und die Toggenburger im Besonderen waren der Ansicht, schon genug Gämsen und Rehe für das Luchsprojekt Nordostschweiz (LUNO) verfüttert zu haben und die Zürcher zeigten sich pikiert, weil die drei im Wild-Schlaraffenland und -Schongebiet Tössstock angesiedelten Luchse schon nach kurzem Aufenthalt die gewährte Gastfreundschaft verschmähten und nach Südosten abwanderten. Damit löste sich die von Forstseite zwecks Wildschadenverminderung herbeigesehnte Zürcher Mega-Luchspopulation in nichts auf. Abseits standen schon immer die Appenzeller und Thurgauer, denn deren Regierungen hatten ihren Jägern versprochen: Aussetzen nein, zuwandern ja. In der allgemeinen Not griff der Zürcher Volkswirtschaftsdirektor Ruedi Jeker zum Telefon und rief zwecks Übernahme von Juro seinen lieben Kollegen Claudius Graf-Schelling im Thurgau an. Dieser tappte auch gleich in die Falle und vergaß subito das gegenüber den Jägern abgegebene Versprechen, was nicht verwunderte, da erfolgreiche Politiker ja eh ein Erinnerungsvermögen mit gegen null tendierender Halbwertszeit haben. Auch der Notruf des sonst obrigkeitsloyalen Thurgauer Jägerpräsidenten, er würde sich durch diese Nacht-und-Nebel-Aktion des Regierungsrates massiv „versecklet" fühlen, half in dieser dramatischen Situation nichts mehr. Und so kam die Transportkiste mit Juro, der noch rasch in Turo umgetauft wurde, in den Hinterthurgau. Als der Kuder, nicht weit weg von der St. Galler Kantonsgrenze, in die Freiheit entlassen wurde, war allen Beteiligten klar, dass dieser nicht lange im Thurgau bleiben würde. Man gab ihm auch gleich die richtige Richtung vor, indem die Türe der Transportkiste nach Süden gegen das Toggenburg hin geöffnet wurde.

Foto: © A. Ryser, KORA

Luchs wird freigelassen. Wo geht es da lang?

Nur, Turo spielte nicht mit. Offenbar massiv ortsunkundig, machte er sich, nach ein paar Tagen der Akklimatisation, auf Richtung Westen, schwenkte bei Winterthur Richtung Norden, überwand Autobahn und Autostraßen und stürzte sich, für eine Katze schon fast todesmutig, in die Fluten von Thur und Rhein. Auf seinen Fersen stets die mit Suchantennen bewaffneten Luchsforscher, die ihn, langsam um die Frucht ihrer Arbeit fürchtend, mit einem massiven Angebot an Kitekat und einem ferngesteuerten Schlafpfeil am 7. März, ein paar Meter vor der Deutschen Grenze, in den Tiefschlaf schickten und wieder in eine Transportkiste verpackten.

Es folgten knapp drei Wochen Quarantäne und dies, welch ein Glücksfall, Maschendraht an Maschendraht mit Aika, einer alten Bekannten, ebenfalls aus dem Berner Jura, die zwischenzeitlich samt Tochter dem vorgelegten Fünfgangmenu der KORA-Leute ebenfalls nicht widerstehen konnte. Nun schien alles paletti: Eine ranzige Katze, und Turos Wanderlust würde sich subito in Wollust verwandeln. Ob es die beiden, trotz Maschendraht, bereits in der Quarantäne im Märzenvollmond miteinander trieben, ist nicht dokumentiert. Jedenfalls muss Turo nach der Quarantänezeit genug von Weibern gehabt haben. Kaum wieder in Freiheit – die drei wurden nicht mehr im Hinterthurgau, sondern schön halbparitätisch auf der St. Galler und der Zürcher Seite des Schongebietes Tössstock freigelassen – machte er sich auf die Pfoten Richtung Westen und lief am Zürichsee auf, darauf wartend, dass ihn ein Wildbiologe mit einer Barke über das große Wasser mitnehmen würde. Aika hatte den besseren Kompass: Sie zog südwärts, erreichte nach einem Monat bereits den Aargau und hat bei starkem Westwind bestimmt schon ihre Urheimat im Windfang.

Beginnt jetzt alles wieder von vorne? Kitekat, Blasrohr, Tiefschlaf, Transportkiste, Quarantäne, Tössstock? Kaum! Denn die LUNO-Verantwortlichen haben nach intensivem Nachdenken herausgefunden, dass die beiden bemitleidenswerten Altluchse wohl unter dem „Homing-Syndrom" leiden müssen, das sie fast krankhaft dazu zwingt, sich dem Paradies Ostschweiz zu verweigern und einen Weg zu suchen, der sie wieder zurück in die Kargheit des Berner Juras bringt. Sie wissen nicht, was „Homing" bedeutet? Wir sagten früher, als bei uns noch Deutsch gesprochen wurde, ganz einfach „Heimweh"! Die beiden Luchse haben entsetzliches Heimweh nach der Juraluft, nach französischen Vokabeln, dem Duft von Absinth, den Juraweiden und nach der richtigen Seite des Röstigrabens. Jetzt stellt sich nur noch die Frage, ob auch die Luchsforscher dafür Verständnis haben und ob Turo und Aika unbeschadet ihre Heimat wieder finden werden. Zu hoffen wäre beides. Und noch schöner wäre es, wenn sich die beiden unterwegs finden würden. Die Ranz ist noch nicht vorbei und Aika brächte in ihrer Tracht ganz sicher eine wunderschöne Ferienerinnerung aus der Deutschschweiz mit in den Jura zurück. Und das wiederum gäbe eine echte Luchs-„Homing-Love-Story" sowie den Stoff für einen Tränendrüsen anregenden Streifen von Walt Disney. Womit bereits das nächste Luchsprojekt finanziert wäre.

Auf Schatzsuche

Wir Menschen sind ein Leben lang auf der Suche nach dem großen Glück, auf Schatzsuche. Schon im Kindergarten steigt der Puls an, wenn das Mariannli dem Martinli schöne Augen macht. Dieses Spiel läuft dann mit zunehmender Intensität weiter bis ins Erwachsenenleben. Natürlich gibt es unter den Jünglingen auch Realos, die statt Wyberschmöcker zu spielen lieber im Abenteuerbuch „Die Schatzinsel" schmökern. Aber die merken auch irgendwann, dass irreale Schätze auf die Länge kein Kuschelbett abgeben, und so kommt es zu dem, was die Natur uns vorgegeben hat: Schatz und Schätzin legen sich ein Leben lang zusammen. Wobei dieses Leben in den letzten Jahrzehnten – im Gegensatz zum biologischen – immer kürzer geworden ist. Also musste Ersatz her.

Gerade rechtzeitig, bevor wir den Rest unseres Lebens schatzlos verbringen müssen, haben uns die Amerikaner, als Trendsetter bekannt, aus der Patsche geholfen. Geocaching ist das neue Zauberwort, Geocacher der moderne Schatzsucher. Und megacool ist natürlich das Ganze. Nicht mehr mit Schaufel und Pickel, wie seinerzeit beim Klondike-Goldrausch, sondern mit Hightech in der Hand geht's heute auf Schatzsuche. Die Natur wird mit GPS erobert, die verborgenen Schätze über exakte Koordinaten gefunden. Das Naturerlebnis ist gewaltig, denn endlich muss man sich nicht mehr mit Gepäck, Karte und anderen Mühseligkeiten abplagen, sondern kann sich voll und ganz auf das Vogelgezwitscher, das Leuchten der Blüten, das leise Rauschen der Waldbäume oder die Stille der Nacht konzentrieren. Ist man einmal versehentlich über das Cache hinausgelaufen, kommt sofort die stets freundliche Stimme aus dem GPS „Bitte wenden, wenden Sie jetzt". Und das alles mit der ganzen Familie im Schlepptau, die ja auch gerne mit von der Partie ist.

Im Anblick dieser Zukunftsvisionen in unseren Wäldern werden sich bei manchem Jägersmann die Rückenborsten krass aufstellen. Da kann ich beruhigen: Das ist nicht Zukunft, sondern Gegenwart. Bereits zählt die *Cacher Community* (früher Schatzsucher-Gemeinschaft genannt) weltweit Hunderttausende von Menschen, die Schätze verstecken. Und ein Mehrfaches an Suchenden. Da gibt es nur noch eines: Springen wir auf den fahrenden Zug auf, denn auch wir sind doch ein Jägerleben lang auf Schatzsuche im dunklen Tann. Damit meine ich natürlich nicht das intensive Ausfährten nach der Förster Liesel, sondern der ewige Traum nach der ganz besonderen Beute, dem urigen Keiler, dem abnormen Bock oder dem Hirsch mit solch massigen Stangen wie den Oberarmen eines Schwinger Königs. Kaufen wir uns doch ein GPS samt Stirnlampe und gehen damit auf Schatzsuche, wenn wir vom Anblick der Stockenten, der Reiter mit Hunden, den Joggern, den Bikern, den OL-Läufern und den Pilzsammlern genug haben. Lassen wir uns ebenfalls vom Kick der Suche nach dem Verborgenen anstecken. Reihen wir uns als „Catcher" in die *Cacher Community* ein. Doch aufgepasst. Informieren Sie sich vorher genau auf der *Cacher Map* (www.swissgeocache.ch), wo in Ihrem Revier die Schätze versteckt sind. Sonst könnte es Ihnen passieren, dass einer gleich an den Holmen des Hochsitzes befestigt ist, auf dem Sie gerade sitzen. Das wäre dann ein kurzer *Cache Run*.

Was für ein Schatz mag wohl in der Truhe liegen?

Und beachten Sie auch die wichtigste Grundregel des Geocachings: Schatz raus, Schatz rein. Das heißt, Sie dürfen etwas aus der Schatztruhe nehmen, gleichzeitig aber müssen Sie auch etwas Gleichwertiges deponieren. Beispielsweise das Gehörn eines Spießers, die Lunte eines Fuchses oder die Grandeln einer Hirschkuh. Das wäre doch optimale Öffentlichkeitsarbeit, eine Gabe so quasi von Naturfreund zu Naturfreund.

Und noch etwas: Unserem neuen Präsidenten von JagdSchweiz rate ich dringend, unseren Verband endlich aus dem Mauerblümchendasein der deutschen Sprache herauszuführen, mit der Zeit zu gehen und auf die englische Sprache zu setzen. Der Zuspruch und die Akzeptanz der Nichtjäger wären bestimmt enorm. Fangen wir jetzt an: JagdSchweiz wird sofort in Swiss Catcher Community umgetauft! Die ganze Schweiz wäre bestimmt massiv beeindruckt.

Heiliger Christophorus

Wir leben bekanntlich in einer Zeit, in der Autoritäten längst nicht mehr das sind, was sie einst einmal waren. Dem Schiedsrichter wird auf dem Fußballfeld der Stinkefinger gezeigt und Hochwürden sowie den Herrn Lehrer findet man nur noch in den Geschichten alter Schriftsteller wie Jeremias Gotthelf. Selbst die tragenden Pfeiler unserer Eidgenossenschaft, die Helden unserer Befreiungskriege gegen die Habsburger, werden auf den Prüfstand der DNS-Analyse gezerrt. So habe sich – vermeldet die neueste Geschichtsschreibung – der Winkelried gar nicht aufopfernd und mit dem Ausruf „Sorgt mir für Weib und Kind", in die Speere der Habsburger geworfen, sondern sei mit einem Liter Rebensaft im Blut als Schlachtfeld-Fiazer schlicht und einfach über einen Stein gestolpert. Dadurch habe er, mit seinen 120 Kilogramm Lebendgewicht und zwei Metern Länge, einen Keil in die Phalanx des Gegners reißend, seinen Miteidgenossen den Sieg bei Sempach ermöglicht. Im Übrigen sei Winkelried ein überzeugter Junggeselle gewesen.

Nur logisch, dass auch unsere jagdlichen Heiligen und Götter samt ihren vollbrachten Wundern demontiert werden. Dass es mit der oftmals launischen und unberechenbaren Diana nicht so weit her sein kann, wie es noch die alten Römer wahrhaben wollten, hat schon jeder von uns am eigenen Jagdmisserfolg erlebt. Aber auch Sankt Hubertus, dem selbst Atheisten unter uns Jägern jeweils am 3. November mit Messe und Hörnerklang gedenken, soll nun öffentlich zur Strecke gelegt werden. Er sei, steht im Internet, nur ein einfacher Regionalheiliger der Ardennen mit eher banalen Wunderberichten gewesen und die Hirschvision sei vom heiligen Eustachius gestohlen.

Also alles nur Show? Nun, wenn wir ehrlich sind und ganz rational überlegen, was der heilige Hubertus in den gut 1.200 Jahren seiner Verehrung uns und dem Wild gebracht hat, müssen wir zum Schluss gelangen: wenig bis gar nichts. Zwar sind wir etwas humaner geworden und haben uns mit unseren Minimalstrecken von einem halben Dutzend Kreaturen im Jahr meilenweit von den Massenab-

Heiliger Christophorus (Meister der Perle von Brabant)

schlachtungen der Feudalherren früherer Zeiten entfernt. Trotzdem gibt es heute trotz Hege und Pflege mehr Borkenkäfer als Rehwild in den Wäldern, die Hasen werden immer weniger und unser Ansehen in der Öffentlichkeit ist trotz Heiligenverehrung eingefroren. Deshalb die alles entscheidende Frage: Haben wir in all den Jahren auch den richtigen Heiligen verehrt? Am Jubiläumsfest unseres Verbandes in Château-d'Œx kam die Erleuchtung: Wir brauchen doch nicht einen EU-Heiligen, wenn wir in der Schweiz einen mehr als gleichwertigen, real existierenden Ersatz haben. Sie denken jetzt wohl an Ex-Miss Schweiz Christa Rigozzi, die am Fest manch müdes Jägerherz ins Vibrieren brachte. Nein, die Diana behalten wir. Damit bleibt natürlich nur noch einer: Der ewige Nothelfer und Märtyrer der Nation, Ex-Justizminister und Jäger Christoph Blocher, der mit seinen beeindruckenden Taten für unser Vaterland bereits einen Riesenschritt zur Heiligsprechung hinter sich gebracht hat. Sankt Christophorus, einer von uns, jagdlich firm, einer, der unseren unentgeltlichen Einsatz für die Landschaftspflege zu schätzen weiß und einer, der jederzeit mit profunden jagdlichen Geschichtskenntnissen aufwarten kann. So rief er bei seiner Rede in Château-d'Œx den gebannt an seinen Lippen hängenden Jägerinnen und Jägern zu: „Auch Wilhelm Tell war ein braver Gebirgsjäger, bis ihn Gessler und seine Schergen in den Widerstand trieben." Was einen Teil der Anwesenden gleich zu den Waffen greifen ließ, um gegen die „Linken und Netten" den Partisanenkampf aufzunehmen.

Sankt Christophorus wird uns auf seinen kräftigen Schultern durch alle jagdliche Unbill ins gelobte Jagdland tragen, die unverschämten Gebühren, die wir für unser Handwerk heute bezahlen müssen, abschaffen, sowie Wolf, Luchs und Bär als unerwünschte Immigranten wieder „ausschaffen". Die Grünen werden ins Bedeutungslose absinken und landesweit durch uns Altgrüne abgelöst. Wir werden in eine neue Jagdepoche hinüberwechseln, in welcher der Schutz von Jagd und Jägern und nicht deren Abschaffung oberste Priorität haben wird. In eine Zeit also, wo an den „Open Airs" Jagdhornbläsergruppen umjubelt und DJ Bobos ausgebuht werden. Dem heiligen Christophorus sei Dank.

Jäger an die Leine

W as im Herbst 2007 anlässlich der Budgetberatung im eidgenössischen Parlament noch als Gerücht herumgeboten wurde, ist ein Jahr später zur Tatsache geworden. Das BAFU (Bundesamt für Umwelt) lanciert ein einmaliges Projekt in der Geschichte
der Schweizer Jagd. Für 5,9 Millionen Franken sollen sämtliche Jäger
mit einem GPS-Sender ausgerüstet werden. Im Klartext: Jäger an die
Leine! Unser oberster Chef, Umweltminister Moritz Leuenberger
im Februar 2008 anlässlich seiner Eröffnungsansprache an der Aus-
stellung „Fischen Jagen Schiessen" in Bern: „Liebe Genossen, äähh,
Jäger, es ist dringend nötig, eine breit angelegte Studie zu lancieren,
mit der wir die soziodemografischen Verhaltensmuster der Jäger genauer ins Visier nehmen. Nur im, äähh, Fadenkreuz der Forschung
ist der besonderen Spezies Jäger beizukommen. Denn wollen wir die
zwei- und vierbeinigen Räuber, äähh, Jäger wirklich vor dem Aus-
rotten, äähh, dem Aussterben retten, müssen wir zuerst wissen, was
sie umtreibt." Die Aufregung unter den anwesenden Jägern war natürlich groß, die Vertreter der Schutzorganisationen rieben sich er-
freut die Hände und der ausgestopfte Wolf in der Sonderausstellung
rollte seine Seher. JagdSchweiz-Präsident Jon Peider Lemm sprach
anschließend in einem Interview mit Tele Bern von einer unerhör-
ten Breitseite gegen die Jägerschaft, von Misstrauensvotum und einer
unverständlichen Strafaktion gegen eine staatstragende Minderheit,
welche in der über 700-jährigen Geschichte der Eidgenossenschaft
einmalig sei. Als sich der Pulverdampf aber etwas verzogen hatte,
sich über Nacht Revier- und Patentjäger zum gesamtschweizerischen
Verband „Jäger lassen sich nicht vogten" zusammengeschlossen, der
ausgestopfte Wolf seine Lider heruntergeklappt und die Schutzorganisationen die letzte Flasche Champagner leergetrunken hatten, kam
Realismus auf. Und als dann am Freitag anlässlich der Podiumsdis-
kussion über Großraubtiere der eidgenössische Jagdinspektor das
Projekt „Jedem Jäger sein GPS" im Detail vorstellte, hellten sich die
Mienen der Jäger wieder auf.

Auch das lassen wir Jäger uns gerne geschehen, denn Jäger sind Heger und Pfleger!

Fakt ist jetzt, dass ab dem neuen Jagdjahr, für die Revierjäger beginnend am 1. April, jeder Jäger nur noch seinen Jagdpass lösen kann, wenn er unter Eid erklärt, künftig ständig das Jäger-GPS bei sich zu tragen. Fakt ist aber auch, dass es sich dabei nicht um ein gewöhnliches Sendegerät handelt, wie es jedem hergelaufenen Bär, Wolf oder Luchs umgehängt wird und dessen Batterien schon ihr Leben ausgehaucht haben, bevor der Träger seine Erstbegegnung mit einem Jäger hinter sich gebracht hat. Nein, das Jäger-GPS kann sowohl Signale senden als auch empfangen. Damit wird dieses Multifunktionsgerät jedem Besitzer beispielsweise ermöglichen, punktgenau auch noch nach Tagen wieder zu seinem Stand zurückzufinden, sollte er einmal anlässlich einer Gemeinschaftsjagd dort Hund oder Flinte vergessen haben. Nicht realisiert wird jedoch der Wunsch vieler Jägerfrauen, in die Datensammlung Einblick nehmen zu dürfen. Ihre Begründung: Die Ehemänner seien auch außerhalb der Jagdzeiten erstaunlich häufig auf der Pirsch. Dieses Ansinnen wurde vom eidgenössischen Datenschützer als zu massiver Eingriff in die Privatsphäre zurückgewiesen. Die vom Bund für die Realisierung und Überwachung des Projektes beauftragte KORA (Koordinationsstelle für Grossraubwild) wird von ihrer Einsatzzentrale aus uns Jäger aber auch beschützend zur Seite stehen. Wie sagte doch Alt-Umweltminister Leuenberger in Bern: „Und nicht zuletzt wird das Jäger-GPS auch dem Schutz dienen, denn sollte es auf der Jagd zu einer unverhofften Annäherung zwischen Jägern und Bär, Wolf oder Luchs kommen, müssen wir letztere, äähh, erstere natürlich, schützen."

Ab sofort können die Geräte bei den kantonalen Jagdverwaltungen oder bei *Jagd&Natur* bezogen werden. Die ersten 50 Besteller erhalten ein Gratis-Abo vom *Schweizer Jäger*.

Jagen ist voll geil

Eine existenzielle Frage begleitet uns Jäger nun schon seit Jahren: Der Nachwuchs fehlt. Schaut man anlässlich einer Jägerversammlung unvoreingenommen in die Runde, muss man ehrlicherweise zum Schluss kommen, dass aus eigener Initiative da nicht mehr viel zu machen ist. Bestimmt ist vergangenes Brunftgeschehen in diesem oder jenem Kopf noch als treibende Erinnerung abgespeichert, aber mit der Praxis ist es wohl nicht mehr so weit her. Trotzdem, etwas muss geschehen, sonst wird in 100 Jahren der letzte Jäger zu Grabe getragen. Und dies trotz unserer massiven Bemühungen in Sachen Öffentlichkeitsarbeit an den Schulen, wo wir bereits die Kleinsten der Kleinen auf den richtigen Wechsel bringen wollen. Alles umsonst. Wenn die Kids ins jagdlich interessante Alter hineinwachsen, ist alles wieder vergessen. Dann ist der Jugendtreff geil, Downhillbiken ist sackstark, im Winter zieht es sie zum Snöben und wenn gar nichts mehr läuft, ist immer noch der Computer zum „Facebooken" da. Die Gründe für dieses Jägerloch sind mannigfaltig. Einer steht jedoch im Vordergrund, unsere Geheimsprache. In den letzten über 100 Jahren hat sich hier nichts mehr verändert. Deshalb muss die Jägersprache revitalisiert und jugendgerecht werden.

Schon höre ich das laute Entsetzen der Jägerprüfungsexperten durch die Lande knistern. Liebe Kollegen, bleibt flauschig, schnallt ab und denkt an unsere Zukunft. Hier und jetzt fällt der Startschuss. In jeder Jagdzeitschrift werden künftig ein paar voll fette Seiten unseren Kids gewidmet sein. Redaktionelle Mitarbeiter samt Chefredakteur sind aufgerufen, sich entsprechend ausbilden zu lassen. Mit dem folgenden Live-Jagdbericht aus der diesjährigen Blattzeit machen wir den Anfang.

Es war Anfang August. So ein Tag, an dem man, ohne die Maurerbibel gelesen zu haben, schon beim Aufstehen spürt, dass etwas Besonderes in der Luft liegt. Jedenfalls hatte ich starkes Hirnficken, als ich zur Büchse griff. Ich wählte, da es auf unserer Ranch keine Polentagrabscher gibt und ich null Bock auf Gröberes habe, die schlanke Einläufige. Weil es voll strub regnete, stülpte ich noch einen Pipi Langstrumpf über den Lauf, nahm meine Fußhupe an die Leine und stieg in meinen Elefantenschuh. Unterwegs zum Ossiturm begegnete ich einem Krampfadergeschwader im Asselanzug, mit zwei, drei Knochenschleudern und mehreren Knödelfeen darunter. Eine totale Netzhautpeitsche. Zumindest war keine Himmelhenne dabei, sodass

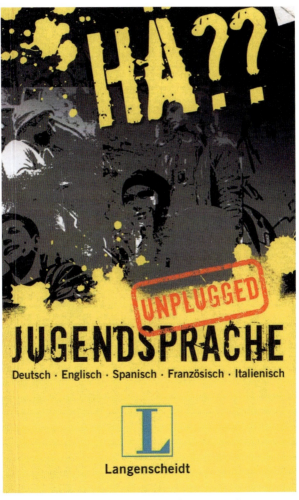

Die neue Bibel für die Weidmannssprache

mir das alles bums sein konnte. Vom Ossiturm aus hatte ich einen megageilen Blick auf eine Fläche, wo der Fichtenonkel letztes Jahr mit seinem Fichtenmoped gewütet hatte. Nun zuerst etwas abschimmeln und dann mal mit dem Bock-Sabberholz auschecken, ob sich was tut. Kaum war der letzte Ton out, hörte ich ein Knacken und auf der Bildfläche erschien eine Knabberfee, gefolgt von ihren beiden tuffigen Bonseikeimlingen. Sie zeigte sich echt wuschig, glaste umher und kauerte sich nieder, um sich eine Stange Lehm aus dem Rücken zu drücken. Ich musste mich total tot verhalten. Da, aus dem Dschungel schimmerte es rot und schon trat ein Gigabock mit voll fettem Bling-Bling auf dem Kopf auf den Kahlschlag. Er war abartig brünstig, sein Alimentenkabel hing unten heraus und mit einem Aggro-Blick lief er der Knabberfee hintendrein. Jetzt nur kein Stress, sondern zuerst mal tief durch die Hosen atmen. Der Schuss krachte und der Bock löffelte ab. Ich war alles andere als abgespaced und auf den Armen bekam ich Mega-Ameisentitten. Das Jagdfieber hatte mich voll gepackt. Nun erst mal ein Lungentorpedo anzünden und dann zum Bock. Ich packte ihn in mein Bag und fuhr zu unserem Iglu, um meinen Jagdkollegen eine volle Welle zu machen. Dort gab es dann natürlich ein paar Becher Roten, wir waren ja nicht auf einer Fantafarm, und auf dem Grill wärmten wir uns Mafiatorten zum Fooden. Ein herrlicher Jagdtag ging ins Finish. Alles clisso?

Als ich obige Geschichte meinen Enkeln vorlas, meinten sie spontan: „Jagen ist voll geil." Was will man mehr!

PS.: Sollte jemand nicht alles verstanden haben, ist ihm Langenscheidts Wörterbuch „HÄ?? Jugendsprache unplugged" zu empfehlen.

Herkules im Puff

Unsere Herbstjagden sind stets ein riesiger Fundus an Aserfeuer-erzählungen, Geschichten und Jägerlatein. Bei den allgemeinen, immer wieder aufgewärmten Themen geht es meist um Jagdhunde, Treiber und Jäger. Dabei werden, vorwiegend von Nicht-Hundeführern, die Bellos und Waldis in die Pfanne gehauen, welche scheinbar ziel- und fährtenlos durch den Wald irren und da mal ein Kläff, dort mal ein Jaulen von sich geben. Dazu laufen die Treiber nach Meinung der Kritiker meist zu schnell durch den Wald, umgehen die bürstendicken Kulturen auf gut ausgebauten Forststraßen und freuen sich, unterwegs diesen oder jenen Jäger anzutreffen, den sie schon auf 50 Meter freudig mit „Hast du was gesehen?" begrüßen. Und die Treiber, etwas frustriert, wenn bei einem Dutzend Jäger nach mehrstündigem Totaleinsatz nur ein Füchslein verblasen werden kann, erzählen sich vom schlafenden Jäger, den sie unterwegs angetroffen hätten und an dem eine Rotte Sauen auf gemessene 15 Schritt unbeschossen vorbeigetrollt sei. Meist lassen sich solche Vorkommnisse nicht beweisen, aber einen gewissen Wahrheitsgehalt kann man ihnen bestimmt nicht absprechen. So oder so, eines ist sicher: Ohne Treiber und ohne unsere treuen Vierbeiner gäbe es keine Drückjagden. Tote Hose herrschte und wir Jäger würden mit triefender Nase, an eine Tanne gelehnt oder auf dem Sitzstock ruhend, sehnlichst auf das „Jagd vorbei" warten.

Solche Geschichten sind die Dauerbrenner an unseren herbstlichen Gemeinschaftsjagden. Eine ganz besondere und wohl einmalige ereignete sich aber im Kanton Thurgau. Die vier Hauptakteure sind Jäger H., ein allseits geachteter, prominenter und engagierter Nimrod im dritten Lebensabschnitt – aus Gründen des Persönlichkeitsschutzes wird sein voller Name natürlich nicht genannt –, sein Rauhaardackelrüde Herkules, Natascha, ein zierliches, wohlgeformtes und langläufiges Schmalreh aus dem Osten, und deren läufige Yorkshire-Terrier-Mäschlihündin Daisy. Die vier konnte ich zwar nicht persönlich interviewen, doch bürgen meine Informanten mehrheitlich für eine stubenreine Berichterstattung. Der Rest läuft unter Jägerlatein.

Es begab sich, dass eines wunderschönen Novembervormittags Natascha mit ihrer Daisy im nahen Wald und unweit von ihrem in der Nacht blau-rot erleuchteten Arbeitsort Gassi ging. Gleichzeitig blies die in dieser Gegend aktive Jagdgesellschaft das erste Treiben an. Herkules schnüffelte da nach einem Reh, japste dort einem Fuchs nach und dann kam es, wie es kommen musste: Die warme Spur der heißen Daisy querte seinen Lauf, er stoppte sofort, nahm den verführerischen Duft auf und verschwand Richtung Etablissement. Sein Meister konnte aus der Ferne noch so rufen und pfeifen. Die Türe

Bis hierher folgte Herkules der heißen Spur von Daisy.

zum Puff öffnete sich und darin verschwanden wie an einer Perlenschnur aufgereiht Natascha, Daisy und Herkules. Da blieb Jäger H. nur noch eines, sofort handeln. Er eilte hinterher, klopfte vor der Eingangstür seine schmutzigen Schuhe ab, entlud die Flinte und betrat das Lokal. Der Anblick, der sich ihm dort bot, muss einmalig gewesen sein. Mitten auf der Bühne, dort wo sich sonst grazile weibliche Wesen räkeln, genossen Herkules und Daisy eng umschlungen ihr wunderschönes Hundeleben, umgeben von kreischenden Schönheiten, welche dieses Naturschauspiel in einmal anderer Rolle sichtlich genossen. Erst als sich die beiden Liebenden trennten, kam es zum Geschäftlichen. Jäger H. musste eine Alimentenanerkennungserklärung unterschreiben und bekam dafür gratis ein Bier sowie eine schriftliche Bestätigung, dass er nur wegen seines Herkules' in diesem Lokal gewesen sei. Dann verließen die beiden das Etablissement, begleitet vom Gekicher der Horizontalgewerblerinnen.

Sämtliche Gäste dieser Herbstjagd, die offenbar bereits am Mittagsaser Wind von der Angelegenheit bekommen hatten, schrieben sich in die Warteliste für den Erwerb eines Yorkshire-Dackel-Welpen ein. In der Hoffnung wohl, dass sie damit zwei-, dreimal mit guten Gründen den Wurf besuchen könnten. Diese Hoffnung aber zerschlug sich nach neun Wochen. Offenbar wurde Daisy die Pille danach verabreicht.

Im Bau

Im Moment bläst uns jahreszeitgemäß wieder einmal eine gröbere Bise von allen Himmelsrichtungen um die Ohren. Stichworte wie Hasenjagdverbot, Treibjagdverbot, absoluter Schutz von Großraubtieren, Volksinitiative „für den Schutz vor Waffengewalt", Schießobligatorium und Baujagdverbot vermögen, je nach aktueller Gemütsverfassung, den Adrenalinpegel von uns Jägern erheblich anzuheben. So sehen die einen endgültig und unausweichlich den Niedergang der freiheitlichen Jagd auf uns zukommen, während die anderen das Verschwinden einer weiteren Salamischeibe zwar bedauern, jedoch auch erkennen, dass sich die Zeiten halt ändern und wir uns als Mini-Minorität zwangsläufig den Vorstellungen einer Natur entfremdeten Gesellschaft anpassen müssen. Denn vorbei die Zeiten, als wir auf Hasenstreifen noch aus dem Vollen schöpften, von Oktober bis Dezember mindestens einmal pro Woche Rehe, Hasen und Füchse zu einem Fitnesstraining aufboten, den Bären „aufgebahrt" an der Dreimeter-Stange stolz ins Dorf trugen, nach der Jagd bei der gemeinsamen Einkehr im Hirschen die Flinte auf dem Nebentisch deponierten, unsere Schießfertigkeit in der freien Wildbahn dank guten Niederwildbeständen auf hohem Niveau hielten sowie Fuchs und Marder im Winter mit Hund und Blei an den Balg gingen. Heute ist die Welt, auch die jagdliche, gläsern. Heute gibt es Google und so kann man dort unter dem Stichwort Baujagd 41.900 Einträge samt Videos und Bildern finden. Nicht alle natürlich als treffliches Argument für die Jagd unter dem Boden. Da hilft auch der Zehn-Punkte-Werbespot unseres Jagdverbandes wenig. Er zeigt zwar durchaus die goldene Seite der Medaille, leider gibt es aber auch eine blecherne: Kämpfe unter dem Boden und im Bau eingeschlossener Hunde. Und das wissen natürlich auch die Baujagdgegner.

Dies musste unlängst der Obmann einer Jagdgesellschaft erfahren, der in wohlgemeintem Sinne – tue Gutes und rede darüber – in der Lokalzeitung Laut gab und unter anderem ein flammendes Plädoyer für die Baujagd hielt. Und schon machte es Bumbum. Kein Geringe-

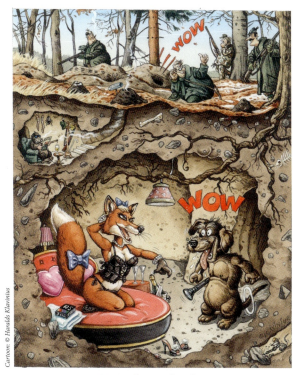

Cartoon: © Haralds Klavinius

Baujagd einmal anders

rer als der Präsident des Schweizer Tierschutzes hielt dagegen. Der Jägerobmann hätte keine Ahnung von wildbiologischen Zusammenhängen und die Baujagd sei nicht die effizienteste Jagdmethode zur Fuchsregulierung, sondern reine Tierquälerei. Und schon flossen die Spendengelder.

Ja, es ist schwierig oder fast unmöglich geworden, der Internetgesellschaft etwas anzudrehen, das emotional unter die Haut geht. Denn gegen blutende „Hundeli", im Bau abgewürgte Füchse sowie mit dem Verweis auf Traditionen und Jagdkultur ist kein Game mehr zu gewinnen. Damit ist es für den Baujagdbefürworter etwa gleich schwierig geworden, seine Passion zu verkaufen, wie wenn ein spanischer Torero den Stierkampf einem Veganer als schützenswertes Kulturgut beliebt machen will.

Vielleicht ist es auch besser so. Denn stellen Sie sich vor: Es ist Ende Januar, draußen liegt bei minus zehn Grad ein halber Meter Schnee, der Wald ist stumm, die Vögel sitzen aufgeplustert um die Futterstellen herum und Sie liegen im Bau. Es ist Samstag und damit die richtige Zeit bei richtigem Wetter, um so richtig zu faulenzen. Nicht alleine, denn vor gut einer Woche haben Sie sich neu verliebt. Und nun umgarnen Sie Ihre Liebste im Kuschelnest, den Bauch voller Schmetterlinge. Ein wirklich nettes Weibchen haben Sie sich angelacht. Mit einer wunderbaren Figur, weichen, langen Grannenhaaren und betörenden Wimpern. Und Augen, in deren Tiefgründigkeit sich Ozeane und Sternschnuppen verschmelzen. Kurz: rundum stimmig.

Da, ein Gepolter und Kratzen beim Eingang. Schon keucht und kläfft es Richtung Kessel und ein Rottweiler steht vor dem Bett. Beim Flüchten durchs offene Fenster können Sie gerade noch sehen, wie der Köter Ihrem Weibchen die herrlichen Lippen zerfetzt. Ein Röcheln begleitet Sie beim Sprung in den Schnee. Bumbum, Nadelstiche im Hintern und schon rollen Sie in die schützende Hecke. Stille, nur ein paar rote Tropfen in der Fluchtfährte sind noch Zeugnis vom Geschehenen. Realität? Nein, natürlich nicht, Sie sind ja kein Fuchs. Vielleicht aber ein Alptraum nach einem Baujagdtag.

Wildtiere anstatt Schafe

Das sind die Fakten: Ein Bär reißt im Engadin drei Schafe. Der Walliser Wolf hat bis Ende September deren 39 verspeist und damit seine Daseinsberechtigung verspielt. Schweizer Luchse haben 2008 ein Alpaka sowie ein paar Schafe und Ziegen zur Strecke gebracht. Nun ist ihnen das Frischfleisch ausgegangen, denn die Alpsömmerung ist vorbei. Doch keine Angst, noch müssen Bär, Wolf und Co. nicht bei Aldi oder Lidl vorbeischauen, um sich im Fleischregal zu bedienen oder sich gar an einem Rotkäppchen zu vergreifen.

Eine Steingeiß hält nach Schafen Ausschau.

Denn es gibt genügend Wildtiere als Schafersatz. Nur für den Bären könnte es knapp werden, wenn er fettlos mitten im Winterschlaf aufwacht und feststellen muss, dass keine Lachse den Inn hinaufwandern und die Bienenstöcke honigleer sind. Und auch kein Naturschützer anwesend ist, der den Ausgehungerten zum Aufpäppeln in die nächste Igelstation bringen wird.

In der Schweiz gibt es zwei Bären, eine Handvoll Wölfe und etwa 150 Luchse. Denen stehen als potentielle Nahrungsmittel rund 450.000 vierbeinige, meist weiße Schafe gegenüber. Eigentlich genug, müsste man meinen, um die paar Räuber so zu füttern, dass diese nicht nur sommersüber, sondern auch zur Winterzeit oder im Winterschlaf ein anständiges Leben fristen können. Umso mehr, als die 11.000 Schafhalter für die Alpsömmerung ihrer Schafe rund 65 Millionen Franken an Subventionen kassieren und deshalb ruhig auf ein paar ihrer Schützlinge verzichten könnten. Doch weit gefehlt, denn die Schafe sind nicht für die Beutegreifer, sondern für die Zucht und den menschlichen Verzehr bestimmt. Deshalb muss man sie vor Übergriffen schützen. Das kostet nochmals 1 Million Franken, mit steigender Tendenz. Funktioniert der Schutz nicht, sind zusätzlich ein paar Hunderter für jedes gerissene Schaf fällig.

Szenenwechsel: In unserem Alpenraum gibt es etwa 140.000 Hirsche, Gämsen und Steinböcke. Dazu in den unteren Lagen noch rund 120.000 Rehe. Diese Wildtiere werden von 30.000 Jägern „bewirtschaftet". Um ihr Handwerk ausüben zu dürfen, bezahlen die Jäger in Form von Pachtzinsen und Patentgebühren jedes Jahr um die 30 Millionen Franken an den Staat. Damit werden unter anderem Forschungsprojekte für Bären, Wölfe und Luchse subventioniert. Gleichzeitig sorgen wir Weidmänner durch nachhaltige Jagd dafür, dass unseren Schweizer Luchsen jedes Jahr 10.000 Rehe und Gämsen übrigbleiben, damit sie sich nicht an Schafen und Ziegen vergreifen müssen. Und das alles ganz ohne Murren, zumindest ohne allzu lautes. Was zur Folge hat, dass es die Jäger, im Gegensatz zu den Schafhaltern, kaum mal in eine Fernsehsendung über Bär, Wolf & Co. geschafft haben. Was beweist, dass jene, die bellen, zwar auch nicht beißen, aber im Gegensatz zu den Stillen zumindest gehört werden. Nicht gehört werden die Wildtiere, die nach einem Wolfsangriff genauso lange leiden wie Schafe. Doch offenbar gilt in der öffentlichen Wahrnehmung: Schafe leiden, Wildtiere aber sind ein Teil der Natur und zum Wolfsriss verdammt.

Da gibt es doch nur noch eines: Raus aus dem Bau und weg mit den Schafen. Wildtiere anstatt Schafe muss der Slogan heißen. Mit vereinten Kräften sollten die Platzhirsche unserer Jagdverbände die Vertreibung der Schafe aus Alpen und Voralpen fordern. Was für paradiesische Zustände für uns Jäger, wenn anstelle der 450.000 Schafe ebenso viele Hirsche, Gämsen und Steinböcke auf den Alpweiden äsen und damit zum Nulltarif deren Verbuschung verhindern würden. Keine Gämsblindheit und keine Moderhinke mehr weit und breit. Zwischen Scuol und Zernez könnte man mit einem Teil der eingesparten Schafsubventionen Zuchtlachse den Inn hinaufsteigen und den an den Stromschnellen wartenden Bären in den Fang schwimmen lassen. Zur Freude der am Fluss entlang stehenden japanischen und chinesischen Touristen, die auf ihrer Durchfahrt von Venedig zum Oktoberfest in München Live-Video-Sequenzen von „Real Swiss Bears" hereinziehen könnten. Eine absolute Win-Win-Situation: Die Touristiker im Engadin würden sich die Hände reiben, die Schweizerische Volkspartei müsste nicht mehr gegen schwarze Schafe ankämpfen, wir Jäger inklusive Bären, Wölfe und Luchse hätten genügend zu futtern, WWF sowie Pro Natura müssten keine Spendengelder für den Erhalt des Großraubwildes ausgeben und mit den restlichen Subventionsmillionen könnten die ehemaligen Schafhalter feinstes Lammfleisch aus Neuseeland importieren und vermarkten.

Waffenlos

Am Sonntag, 13. Februar 2011, ist High Noon angesagt. Denn dann wird sich in den pulverrauchverhangenen Wahllokalen entscheiden, ob wir Jäger weiterhin unser liebstes Stück hegen und pflegen dürfen oder ob wir künftig waffenlos durch unsere Reviere streifen müssen. Und wieder einmal steht nicht gerade die Existenz des Abendlandes, aber immerhin jene der Schweiz auf dem Spiel. Dies behaupten jedenfalls die Gegner der Waffenverbot-Initiative, während die Grünen und Linken uns Jägern für einmal attestieren, dass wir sehr wohl tauglich für den gefahrlosen Umgang mit Jagdwaffen seien und deshalb problemlos ein Ja in die Urne legen könnten. Wir armen Tore aber stehen wieder einmal da, wo wir meistens stehen, wenn wir von Politikern umgarnt werden – was ja mehr als selten genug der Fall ist – und wissen nur, dass man der *Classe politique*, aus welcher Ecke auch immer, eigentlich nie und vor Wahlen schon gar nicht trauen sollte.

Als einigermaßen aufgeklärter Weidmann muss ich trotzdem gestehen, dass für mich der 13. als Abstimmungsdatum ein schlechtes Omen ist. Kommt hinzu, dass mir kürzlich bei einem Reviergang eine schwarze Katze über den Weg gelaufen ist und bei der letzten Drückjagd, anstelle des erträumten kapitalen Keilers, plötzlich ein altes, zahnloses Weiblein, hämisch grinsend vor mir durch das Stangenholz wechselte. Nein, abergläubisch bin ich nicht, aber das sind doch klare Zeichen von Diana.

Das bedeutet für uns Jäger: Wir müssen uns auf das Schlimmste gefasst machen. Also gehen wir die Sache proaktiv an. Als passionierte Weidmänner können wir wohl auf unsere Feuerwaffen, nicht aber auf das Jagen verzichten. Räumen wir vorerst mal unseren Waffenschrank und legen unsere Schießeisen auf dem Stubentisch auf einen Haufen. Die Optimisten unter uns, bei denen der jagdliche Kelch noch halb voll ist, werden nun ein Inserat in einer Jagdzeitschrift schalten. Denn bis zur Abstimmung wird sich immer noch ein Dummer finden, der zu Hause auf einem Haufen wertloser Lehmann-Brother-Papiere sitzt und diese nun mit einem Waffen-Schnäppchen vergolden möchte. Die Pessimisten aber, bei denen der Weidbecher bereits halb leer ist, werden Schaftholz und Läufe fein säuberlich trennen. Das Eisen geht ins Altmetall, das Holz wird für das nächste Aserfeuer aufgespart.

So oder so: Nun ist ein klarer Blick in die Zukunft gefragt und der sagt uns, dass mit unserer Jägerei noch lange nicht Matthäus am Letzten ist. Denn das Jagdgesetz lässt viele Möglichkeiten of-

Künftig ohne Waffen? – Gehört dieser Anblick bald der Vergangenheit an?

fen, mit denen wir unserem begehrten Wild weiterhin nachstellen können. Da wären mal die Kastenfallen für den Lebendfang. Anleitungen für den Selbstbau können von der Luchsfangorganisation KORA bezogen werden. Sitzt dann eine stattliche Sau in der Falle fest, muss diese natürlich zuerst betäubt werden. Ein vor den Wurf gehaltener, mit Äther getränkter Wattebausch macht's möglich. Anschließend kommt normales Metzgerhandwerk zum Einsatz. Auch die Verwendung von Hellebarden – unsere Vorfahren haben schon bei der Schlacht am Morgarten gezeigt, was diese humanen Waffen mit durchschlagendem Erfolg bewirken können – ist weiterhin gestattet. Denn grundsätzlich gilt: Was gemäß Bundesjagdgesetz nicht verboten ist, ist erlaubt. Für den jagdlichen Einsatz dieser Keulen empfiehlt sich, zur Tarnung das Anziehen modernster Tarnkleidung mit Geruchskiller sowie etwas Muskeltraining, damit eine E0 von 200 Meterkilogramm erreicht werden kann. Das künftig effizienteste Jagdgerät wird aber der Bumerang sein. Nach einiger Übung lässt sich damit Wild vom Steinmarder bis zum Wasserbüffel auf eine Entfernung von bis zu 100 Metern weidgerecht erlegen. Bereits bietet die Migros Klubschule entsprechende Kurse an. Wer aber das Nonplusultra an Ausbildung sucht, der fliegt nach Australien zu den Aborigines. Dort wird er in einem vierwöchigen Kurs alle Finessen des Bumerangeinsatzes kennenlernen. Fragt sich jetzt nur noch, wie lange es gehen wird, bis bei uns eine Bumerang-Verbotsinitiative ergriffen wird.

Arme Schweine

Stellen Sie sich vor, Sie ziehen als bestandene Bache Ihre Fährte im nordöstlichen Untertanengebiet des Zürcher Jagdverwalters. Sie sind jagdlich erfahren, das heißt, mehrere Dutzend Ihrer Frischlinge und Überläufer sind Ihnen bereits in die ewigen Jagdgründe vorausgegangen und bei jedem Wetterumbruch spüren Sie in der linken Keule die Tombakmantelreste, die Sie seit fünf Jahren als Andenken an einen Schlumpschützen mit sich herumtragen. Sonst aber sind Sie recht glücklich, haben sich mit der langfristig angelegten Jagdplanung Ihres Jagdverwalters arrangiert und freuen sich auf die bevorstehende Schonzeit. In Ihrer Tracht strampelt es schon recht massiv. Das rauschige Andenken einer Begegnung mit Urian, jenem Keiler, von dem alle Jäger der Region zwar sprechen, den sie aber noch nie gesehen haben und dessen Schalenabdrücke nach jedem Jägerstammtisch immer mehr das Maß eines Yeti-Fußes annehmen. So werden halt auch dieses Jahr wieder gegen ein Dutzend Frischlinge in

Foto: Markus P. Stähli

Das sind keine armen Schweine – wohl bekommts!

die Märzsonne grunzen, von denen im Winter noch zwei, drei übrig bleiben. So quasi als Opfergabe an Jagdverwalter, Bauern und Jäger, um die eigene Schwarte heil über die Zeit retten zu können. Das haben Sie in den vergangenen Jahren auch immer recht geschickt getan. Sich nie zu viel bewegen, die Treiber überlaufen lassen, diesem oder jenem allzu vorwitzigen Hund das Fliegen beibringen und auf den Schneisen zu den Maisfeldern immer zuerst den Frischlingen den Vortritt lassen. Bleibt es ruhig, kann man nachrücken, knallt es, muss man etwas schneller laufen, um mit zwei, drei Fluchten über den toten Frischling hinweg den schützenden Mais zu erreichen. Sentimentalitäten kann man sich als jagderfahrene Bache nicht leisten.

Alles Geschichte! Sie sind tot und hängen in einem thurgauischen Schlachthäuschen an der Waage. Ihr Erleger füllt gerade die Abschussmeldung an die Jagdverwaltung aus: Gewicht: 95 Kilogramm, Alter: sechs Jahre, Abschussort: Thurgauer Wald, Datum: 7. März 2003, Zeit: 21.15 Uhr, Distanz zum Feld: 55 Meter. Und Ihre zehn Frischlinge, die nie das Licht der Welt erblickt haben, sind samt Pansen und Gescheide – schrecklicher Gedanke zwar – neben toten Hühnern, verreckten Hausschweinen und einer überfahrenen Katze in einer Tierkörpersammelstelle deponiert worden.

Was war geschehen? In einer mondlosen Märznacht brachte ein leichter Ostwind von jenseits der Kantonsgrenze einen feinen Duft von gentechnikfreiem Thurgauer Mais in Ihren Riecher. Warum mal nicht fremdgehen, dachten Sie und schon wechselten Sie über die grüne Grenze in den Thurgau hinüber. Die Ablenkfütterung war reich beschickt, aber aus Ihrer langjährigen Zürcher Erfahrung wussten Sie, dass da nichts passieren konnte. Auch das fahle Licht über der Fütterung störte Sie trotz Neumond nicht. Und als die Mondlampe langsam heller wurde, vermuteten Sie immer noch nichts Böses, sondern einen Wildbiologen in der geheizten Kiste in gut 40 Schritt Entfernung. Als es dann ganz grell blitzte und dazu noch laut krachte, war es bereits zu spät. Thurgauer Jäger sind treffsichere Schützen und das Eindringen der 7x64 knapp hinter dem Blatt war am ehesten noch als ein Kitzeln wahrzunehmen denn als Lebensbedrohung. Und nun hängen Sie also in einem Schlachthaus und machen sich Gedanken darüber, welchen tödlichen Fehler Sie im Thurgau gemacht haben. Ganz einfach: Fremdgehen lohnt sich für eine Zürcher Bache nicht, vor allem nicht in Richtung Thurgau. Denn sowohl als einzelner Keiler als auch als nicht von Frischlingen begleitete Bache dürfen Sie während der Schonzeit auf Thurgauer Boden, vor allem als schadenstiftender Schädling, im Wald, an Kirrungen und an Ablenkfütterungen auf die Schwarte gelegt werden. Arme Thurgauer Schweine. Doch deren Obrigkeit hat es so verfügt.

Deshalb ein Tipp für Ihr nächstes Bachenleben. Bleiben Sie doch in Zukunft zufrieden im Kanton Zürich. So nach dem Motto: Lieber mit Zürcher Gentechnikmais alt werden als mit gentechnikfreiem Thurgauer Mais im Gebrech an einer Bleivergiftung umkommen. Übrigens: Diese Empfehlung gilt auch für Schaffhauser Bachen. Und die ganze Geschichte könnte man durchaus als Schwarzwild-Föderalismus „Made in Switzerland" bezeichnen.

Lustvoll jagen

Jahrelang haben wir von unseren nördlichen Nachbarn nur noch Negatives vernommen. Das hat in letzter Zeit so weit geführt, dass mancher von uns den „Deutschlandfunk" vollends abgeschaltet hat. Denn wer will sich ständig mit Kavallerie-Attacken drohen und vorschreiben lassen, wie viele Vögel noch über den Grenzbereich fliegen dürfen. Oder gleich auf ewig im Knast landen, wenn man mit seinem Sturmgewehr vom Feldschießen kommend nur rasch mal über die grüne Grenze fahren will.

Nein, solche Querschläger haben wir definitiv satt. Diana sei Dank kommt jetzt eine Frohbotschaft aus dem Norden. Natürlich, wie könnte es auch anders sein, von unseren letzten Freunden, den deutschen Jägern. Da verkündet doch einer, nicht irgendeiner, sondern ein Anwalt mit langjähriger jagdlicher Erfahrung: „Wir Jäger wollen mit der Natur ins Bett." Und gibt gleich noch einen drauf: „Ja, die Jagdleidenschaft ist mit Sex zu vergleichen. Das ist ein Trieb, den auch niemand rechtfertigen muss. Beide Leidenschaften haben ein Ziel. Die Jagd hat die Beute, der Sex den Orgasmus." Und führt uns damit direkt auf den Wechsel zum jagdlichen Lustempfinden.

Deshalb wird jetzt ein neues jagdliches Zeitalter eingeläutet. Vorbei die Zeiten, in denen wir auf die Frage nach den Gründen unseres blutigen Tuns allein mit den alten Geschichten vom Hegen und Pflegen, vom Erlösen alter und kranker Tiere, von den fehlenden Prädatoren, der Wildschadensbekämpfung, dem Schutz unserer lieben Füchse vor Seuchenzügen und der Freude an unvergesslichen Naturerlebnissen antworten müssen. Jetzt können wir frei von der Leber weg das sagen, was wir im Innersten schon immer sagen wollten: Jagen ist etwas Lustvolles, Jagdpassion hat etwas mit Lust und Freude zu tun. Wenn dem nicht so wäre, könnte unser Handwerk ja gerade so gut von staatlich besoldeten Beamten leidenschaftslos ausgeübt werden. Die das abschießen, was nach Meinung des Naturschutzes, der Veterinärämter und des Forstes abgeschossen werden muss. Wer aber sein Reh mit Passion und jagdlichen Freuden selbst erlegt und anschließend den Rehrücken in der Pfanne brutzeln lässt, der hat bestimmt eine lustvollere Beziehung zum Stück Fleisch, das er isst. Grad so, wie zu seiner Liebsten, die er in den Armen hält. Die er zwar (hoffentlich) nicht verzehrt, die er aber nach erfolgreicher Pirsch „zur Strecke gebracht hat".

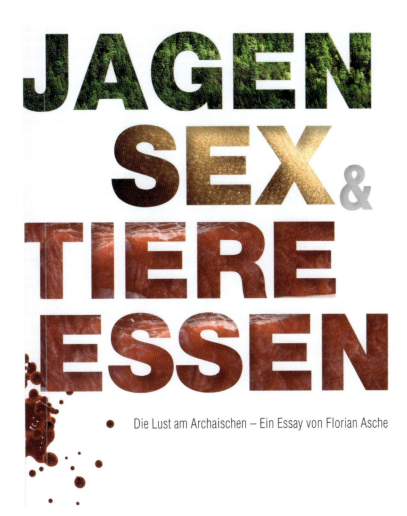

JAGEN SEX & TIERE ESSEN

Die Lust am Archaischen – Ein Essay von Florian Asche

Lustvoll jagen (Florian Asche, Neumann-Neudamm Verlag)

Aber aufgepasst. Gemäß Autor Florian Asche ist Jagd nur dann etwas Lustvolles und das Essen des erlegten Wildbrets kulinarische Erotik, wenn wir die Jagd als etwas Archaisches betrachten, der Erfolg nicht zu häufig und die Zielerreichung niemals sicher ist. Und wir uns den Weg zum Ziel nicht mit technischen Hilfsmitteln wie Nachtsichtgeräten, Wilduhren, Flugbahnkompensatoren und Ähnlichem allzu leicht machen. Denn, so Asche: „Eine sichere Jagd ist keine Jagd mehr. Eine Gatterjagd ist wie ein Bordell. Da gehen die Kunden auch hin und sagen: Die Blonde da hinten bitte. Und im Jagdgatter bestellen sie sich den Hirsch Hansi. Das mag ein tolles Erlebnis sein, doch es ist eine (jagdliche) Illusion." Und: „Das Archaische verträgt sich einfach nicht mit zu viel Technik, mit den heutigen Sextoys der Jagd. Es hängt geradezu zwangsläufig am Einfachen und schwindet, wo der massenhafte Luxus technischer Spielereien über uns hereinbricht."

So wünsche ich Ihnen zu den jedes Jahr wiederkehrenden Herbstjagden lustvolles Jagen, spannende Momente, ab und zu einen kalten Wind, der Ihnen um die Ohren pfeift, den Fuchs, der seinen Balg mit kurzer Flucht durch die Treiberkette rettet, Emotionen, Herzklopfen, Verzichtenkönnen, Freude am Hundegeläut, Ehrfurcht vor dem Leben, viel Anblick, aber auch reiche Beute, damit man dann das, was man erlegt hat, mit Genuss und lustvoll verzehren kann.

Der Bär ist los

Mitten im medialen Sommerloch, noch bevor das sagenum-wobene Nessie reaktiviert und Kurt Felix revitalisiert werden mussten, ist es passiert. Gut 100 Jahre nachdem der letzte freilebende Schweizer Bär im Val S-charl unter den Kugeln der Einheimischen Padruot Fried und Jon Sarott Bischoff sein Leben aushauchte und ihn diese anschließend im Sonntagsgewand, an einer Stange aufgehängt, durch das Dorf trugen, kam Meister Petz zurück. Für alle überraschend, hatte er sich offensichtlich aus seiner angestammten Heimat im Trentino abgesetzt, im Eilmarsch die Schweizer Grenze erreicht und das Münstertal erobert. Damit löste er dort ein Medienecho aus, das selbst den Papst, George W. Bush und andere Götter und Halb-götter vor Neid erblassen ließ. Dass niemand auf die Ankunft des „Brownie" vorbereitet war, bewies „Turissem Val Müstair", das paral-lel zur Bärenankunft ihren neuesten Touristen-Event „Münstertal als Ausgangspunkt erlebnisreicher Motorradtouren" anpries und damit dem Neuankömmling mächtig mit Motorenlärm einheizte.

Jon Bischoff und Padruot Fried erlegten 1904 den letzten Bären der Schweiz.

Sofort waren rund um den Nationalpark sämtliche Hotelbetten bis zur letzten Badewanne überbelegt, in den örtlichen Restaurants gab es saftige Bärensteaks, direkt importiert aus dem Bärengraben in Bern, und im Nationalparkzentrum in Zernez konnten die Besucher Bio-Rüebli für den hungrigen Bären kaufen, das Pfund für zehn Franken. Und selbst die sonst vornehm zurückhaltende Neue Zürcher Zeitung widmete dem Immigranten einen zweiseitigen, bärenstarken Artikel. Dem Bären selbst war das alles scheißegal. Er trottete bärenruhig seines Weges, riss dort ein Kalb, da ein Schaf, vergnügte sich mit einem Weidezaun und machte eine Mülltonne zu Abfall.

Mit ungewohnter Emsigkeit nahm sich die offizielle Schweiz des Asylbewerbers an. Kaum war er da, sprach man nicht mehr von einem Italiener, sondern vom Schweizer Bären. Von links bis rechts war man sich unisono einig, dass der Immigrant sofort, auch wenn er als Sans-Papier eingereist sei, das Schweizer Bürgerrecht erhalten solle. Nur gerade Vertreter des ultra-rechten Spektrums munkelten, dass es sich gar nicht um einen echten Bären aus dem Trentino handle, sondern um einen türkischen Tanzbären, dem das ewige Rundendrehen auf einer Heizplatte zu eng geworden und der deshalb abgehauen sei. Und jetzt ganz einfach die bereits zur Tatsache geworden Personenfreizügigkeit für Bewohner aus dem südöstlichen Europa vorzeitig und schamlos ausnütze. Andere wiederum meinten, dass Graubünden Tourismus massiv nachgeholfen und den Bären im italienischen Nationalpark zwar nicht gerade gewildert und eingefangen habe, ihm jedoch mit einer kilometerlangen Honigfährte den geraden Weg ins nördliche Paradies aufgezeigt habe.

Eigentlich ist das alles unwichtig. Tatsache ist, dass nun auch wir Schweizer einen Bären haben. Zwar keinen mächtigen Alaska-Grizzly, dafür aber einen echten, bodenständigen Bündner Braunbären, kurz, einen herzigen GR-izzly. Und für uns Jäger gibt es endlich wieder einmal eine richtige Herausforderung: Mann gegen Bär. Nicht so eine Memmenjagd auf Fuchs, Wolf oder Luchs, die, kaum haben sie Lunte gerochen, mit eingeklemmter Rute das Weite suchen. Bevor Sie nun aber Ihre „Zehndrei" entfetten und Ihr Bowie-Knife haarscharf schleifen, um im Nationalpark, wie weiland Old Shatterhand, Meister Petz zur Strecke zu bringen, hier drei Gratis-Tipps. Erstens:

Als einfache, aber effiziente Jagdart sei folgendes Vorgehen empfohlen. Den Bären bis acht Schritte auf sich auflaufen lassen, dann zwei Schritte auf ihn zugehen, mit der Zehndrei auf Herzhöhe ein Loch in die Decke des sich aufrichtenden Bären schießen, das Gewehr wegwerfen und dem wankenden Riesen das Messer zwischen die Rippen stoßen (weitere Details unter: Karl May, Old Surehand II, Im Bärental, Seite 363 ff.). Zweitens: Nehmen Sie doch Ihre Autoapotheke mit. Bären sind manchmal sehr anschmiegsam. Und drittens: Vergessen Sie Ihren Geldbeutel nicht. Nach Art. 17 des Bundesjagdgesetzes könnte eine solche Bärenjagd durchaus mehrere Zehntausend Franken wert sein. Der Aufenthalt im Gefängnis (bis zu einem Jahr) wird jedoch kurzweilig werden. Bis Sie Ihre Exklusivinterviews für *Blick*, *Glückspost* und andere seriöse Blätter losgeworden sind, ist bereits Halbzeit. Die restlichen Tage können Sie mit dem Lesen Ihrer Heldentaten verbringen. Weidmannsheil!

Das Aus für Foto-Trapper

Wir Jäger gelten zu Recht als konservative Wesen. Über Jahrhunderte, ja Jahrtausende haben wir uns für Beständigkeit und Freiheit eingesetzt. So haben sich bereits bei der Schlacht am Morgarten Jägertrupps der Masseneinwanderung aus dem Norden und fremden Richtern entgegengestellt. Kurz: Wir richten uns nicht nach jedem Furz, der durch das Mittelland bläst. Nur bei der Ausrüstung haben wir Konzessionen gemacht. Nach Pfeil und Bogen und Vorderladergewehr sind auch wir auf den Zug der modernen Jagdindustrie aufgesprungen. Lochschaftrepetierer, Zielfernrohre mit Klick-Klick-Absehenverstellung, die von 0 bis 500 Meter Fleckschuss garantieren, und Nachtsichtgeräte, welche die dunkelste Nacht zum Tage werden lassen, sind nur ein paar der modernen jagdlichen Hilfsmittel, die in den letzten Jahren sogar konservativste Jägerkreise erfasst haben.

Getoppt wurden diese jagdlichen „Errungenschaften" – jeder brave Steinzeitjäger mit mehrjähriger jagdlicher Mammuterfahrung würde sich bei deren Anblick zu Tode wundern – in letzter Zeit nur noch von den Wildkameras, auch Fotofallen genannt. Denn diese machen es uns Jägern endlich möglich, jagdliche Erfolge nicht mehr mit schweißverschmierten Händen sowie Knochen und Fellen an der Trophäenwand zu dokumentieren, sondern mit Video-Streams und Bildern aus dem dunklen Tann. Endlich können wir beweisen, dass nicht der Tod eines Wildtieres das Ziel unseres jagdlichen Tuns ist, sondern die Beute. Und zwar ohne Fleisch in der Tiefkühltruhe. Zwei, drei Bilder genügen zur Dokumentation. Kein Jägerstammtisch, an dem nicht Fotos vom kapitalen Keiler an der Kirrung oder vom starken Bock an der Salzlecke herumgereicht werden. Natürlich stets verbunden mit der Aussage: „Den hätte ich problemlos erlegen können, aber ich wollte nicht. Schließlich bin ich ein Foto-Trapper und nicht ein primitiver Steinzeitjäger." Dies unter dem Beifall der Schutzorganisationen von Pro Natura bis WWF. Denn diese machen sich nicht nur berechtigte Hoffnung auf zusätzliche Spendengelder von Jägerseite, sondern sind überzeugt, dass auf dem Weg der Evolution auch noch die letzten Vertreter der Gattung *Homo erectus* zu jener des *Homo sapiens* gefunden haben.

Wildkamera – Big Brother im Wald

Nun wird aber bald Schluss damit sein. Denn das Aus für den Foto-Trapper wurde von höchster Bundesstelle angekündigt. Unsere Umweltministerin, die „liebe Doris", hat Jagdinspektor Reinhard Schnidrig beauftragt, dafür zu sorgen, dass Wildkameras in die Liste der nicht erlaubten Hilfsmittel aufgenommen werden sollen. Damit werden sie in der Jagdverordnung in eher schlechter Gesellschaft mit Tellereisen, Leimruten und Nachtsichtzielgeräten sein. Begründung: Datenschutzbedenken. Der Einwand von JagdSchweiz, dass „die Fotofallen irgendwo tief versteckt im Wald, wo sowieso keine Spaziergänger hingehen" aufgestellt würden, traf beim Bund nicht ins Schwarze.

Jetzt fragt sich natürlich jeder Foto-Trapper, wer der Anlass zu diesem Verbot ist. Die Schutzorganisationen kommen diesmal gut weg. Auch Wildschwein und Co. werden sich nicht beklagt haben, denn für sie ist ein Foto vom kapitalen Bassen an der Wand immer noch besser als dessen Schwarte im Schlafkorb des Jagdterriers. Bleiben andere Waldnutzer: Pilzsammler, Biker, Nacktwanderer und Liebespaare. Gerade letztere sind meist tief versteckt im Wald anzutreffen. Nicht auszudenken, was geschehen würde, wenn auf dem am Stammtisch gezeigten Video vom Kirrplatz nicht die Bache mit ihren Frischlingen zu sehen wäre, sondern der Lokalpolitiker, wie er sich mit der Pfarrköchin im Buchenlaub vergnügt.

Oder sind es gar frustrierte Jägerfrauen, die sich auf diese Weise für manch erlittene, schlaflose Nacht rächen wollen? Wir wissen es nicht. Wir wollen es auch nicht wissen, denn der (eheliche) Frieden ist uns wichtiger. Also verzichten wir künftig auf diese Errungenschaft der modernen Technik, sobald die neue Verordnung in Kraft treten wird. Verbunden mit dem Wissen, dass nichts so heiß gegessen wie gekocht wird. Denn wie heißt es in Art. 3 der Jagdverordnung: „Die Kantone können … die Verwendung von solchen Hilfsmitteln gestatten." Was sie teilweise mit Nachtsichtzielgeräten exzessiv tun. Weshalb nicht auch mit den nicht als Kriegsgeräte geltenden und in jedem Aldi zu kaufenden Fotofallen?

Schneekanonen
statt der Pille

Geht es Ihnen auch so wie mir? Da sehnt man sich den ganzen Sommer lang nach den mondhellen, schneekristallglitzernden Winternächten, lässt diesen oder jenen Prachtfuchs im Sommer und Herbst weiterschnüren, in der Hoffnung, dessen reifen Balg dann im Winter ernten zu können. Und den von Sauen geplagten Landwirten macht man berechtigte Hoffnung, nach dem ersten Schneefall würden die Strecken massiv emporschnellen.

Und dann diese Bescherung. Keine müde Schneeflocke, die sich zu uns in die Niederungen verirrt. Geschweige denn eine geschlossene Schneedecke, bei der wir den 30-Kilo-Frischling klar von der 80-Kilo-Bache unterscheiden können. Die Folge davon: Der Zeigefinger bleibt gerade, die Wiesen umwühlt, die Sauen vermehren sich munter weiter und der Fuchsbalg wird keine unserer Schönen zieren. Kein Wunder also, dass aufgebrachte Bauern den flächendeckenden Einsatz der Antibabypille fordern. Nicht um ihre Nachkommenschaft in den Griff zu bekommen, sondern um den Bachen das Frischen abzugewöhnen. Erfreulicherweise scheint diese Forderung bisher noch nicht auf fruchtbaren Boden gefallen zu sein. Glück für uns Jäger, denn die Konsequenzen wären fatal. Nicht nur Bachen würden diese Pillen aufnehmen und damit den Keilern die Lust auf mehr nehmen. Nein, auch Hase und Fuchs, Hirsch und Rehbock. Und die Quintessenz davon? Verweiblichte Platzhirsche und -böcke, die zwar auch ohne Geweih durchaus noch als solche anzusprechen sind, die aber null Bock auf alles Weibliche haben und ohne ihr Männlichkeitssymbol durch die Wälder ziehen müssten.

Deshalb, und bevor die Forderung einzelner Landwirte auf das ganze Land überschwappt, verlange ich ultimativ: Schneekanonen statt der Pille! Weshalb nicht ein paar veraltete Schneemaschinen aus den Bergregionen des Bündner Landes zu uns ins Mittelland herunterholen und damit großflächig die trostlosen Lothar-Sturmflächen beschneien? Für einmal Talhilfe anstatt Berghilfe. Und als kleine Gegenleistung für unsere Freunde aus dem Steinbockkanton könnten wir unter das Rhein-, Reuss- und Aare-Wasser noch einige hundert Liter Valser Wasser und Rhäzünser mischen. Damit der Schnee besonders flockig wird.

Schneekanone, Modell Saustark

Sagen Sie nun nicht, das Ganze käme viel zu teuer. Bestimmt erhalten wir die Schneekanonen von unseren Bündner Jagdkollegen zu einem Sonderpreis geliefert, verbunden mit der Hoffnung, dass es keinem Unterländer mehr einfallen wird, in ihren wunderschönen Gefilden der Jagd nachgehen zu wollen. Und aus den Kassen des Bundesamtes für Umwelt und des WWF würden sicher auch noch einige tausend Franken fließen. Denn wie wollen diese die in der Ostschweiz ausgesetzten Luchse ausfährten können, wenn kein Schnee liegt? Also: An die Arbeit! Meine Mitpächter und ich haben bereits eine Schneekanone gekauft und damit einen sauenträchtigen Nordhang in unserem Revier beschneit. Der Erfolg ist überwältigend. Bereits am nächsten Tag fuhr die ganze Dorfjugend den Hang hinunter.

Es ist Wahljahr

Wer an den diesjährigen Jahresversammlungen der Sektionen und Jägervereine aufmerksam um sich schaute und dabei die Teilnehmerinnen und Teilnehmer genauer angesprochen sowie den Begrüßungsworten des Präsidenten aufmerksam gelauscht hatte, wird Wundersames festgestellt haben. Da hat doch manch altgedienter Jagdaufseher mit ehrfürchtigem Blick den Tisch der geladenen Gäste gemustert, während der Vorsitzende genau ab Blatt, um ja keinen freudschen Versprecher zu riskieren, die Crème de la Crème der Schweizer Politprominenz begrüßte, die da zu Themen wie Ehrungen, Mitgliederbeitrag und Diverses direkt vom politischen Arbeitseinsatz in Bundesbern in die jagdliche Provinz angereist war. Tatsächlich, es passiert wieder Wunderbares, wir Jäger werden erhört oder zumindest angehört, und zwar nicht etwa von irgendwelchen politischen Frischlingen. Nein, die ganz kapitalen Keiler und Bachen kommen an die jagdliche Kirrung, nicht um „Mais zu machen", sondern um uns anzuhören und unsere Nöte und Probleme zu verinnerlichen.

Kurz: Es ist Wahljahr, und alle gehen hin. Und eben nicht nur die Lokalmatadoren, die Gemeindepräsidenten und Regierungsräte, sondern all jene, welche für die National- und Ständeratswahlen auf Stimmenfang aus sind. Und so treffen sich im Kreise der Urgrünen einvernehmlich die Neu-Grünen, die Linken und die Rechten, also all jene, welche im nächsten Herbst entweder ihr Mandat verlängern oder erstmals auf den eidgenössischen Politzug aufspringen möchten. Ein Tor von Jägerpräsident, der eine solche Chance, die ja nur alle vier Jahre wieder anwechselt, nicht packt und zur Strecke legt. Beziehungsweise im Sinne von aktiver Öffentlichkeitsarbeit für die Sache der Jagd nicht vereinnahmt.

Jedenfalls scheute der Präsident von Jagd Thurgau als schlauer Politfuchs vor der diesjährigen Jahresversammlung keinen Aufwand, um die höchsten Thurgauer Politikerinnen und Politiker zwischen dem Buurezmorge mit den Landfrauen und dem nachmittäglichen

Foto: wikimedia/Peter Mosimann

Wer ins Bundeshaus will, muss zuerst auf Stimmenfang.

Zvieri im Altersheim an die Jägerlandsgemeinde in Weinfelden zu locken. Was ihm auch problemlos gelang, sodass er im vollen Saal die Frau Großratspräsidentin (SP), die Frau Nationalrätin (CVP), den Herrn Ständerat (SVP) und den Herrn Regierungsrat (SP) begrüßen durfte. Und als Öffentlichkeitsarbeiter erster Klasse war ihm im Vorfeld des Anlasses keine Mühe zu groß – angeblich brauchte er dafür insgesamt 30 Stunden –, um zwei wunderschöne Fuchsbälge zu erbeuten, dieselben eigenhändig abzubalgen, lidern zu lassen und zur Versammlung mitzunehmen. Nicht etwa, um sie am Fellmarkt für ein paar mickrige Franken zu verschachern, sondern um damit im Blitzlichtgewitter der anwesenden Presse die ranken Träger der beiden Politdiven zu schmücken. Genauer gesagt, um diese schmücken zu lassen. Denn wer nun erwartet hätte, dass der Präsident „himself" vom Podium heruntersteigen würde, um die beiden mit Küsschen links, rechts einzudecken und mit dem Schmeichelpelz zu beglücken, sah sich getäuscht. Er schickte seine jungen Kollegen vom Vorstand und hielt sich auf seinem Hochsitz in sicherer Distanz zurück. Eben grad so, wie sich ein alter, nicht mehr schussgeiler Jäger verhält, der genau weiß, dass die Beute jetzt zwar ihm gehören würde, der Anblick des Geschehens aber mehr jagdliche Erfüllung bringt als die Trophäe selbst.

Das Resultat war durchschlagend. Die beiden Geehrten fühlten sich sichtlich fuchswohl. In der anschließenden Rede der Großratspräsidentin konnten die staunenden Versammlungsteilnehmer vernehmen, dass ohne uns Jäger draußen in der Natur nichts, aber auch gar nichts gehen würde. Klarer Höhepunkt ihrer Lobeshymne bildete die Aussage: „Was würde geschehen, wenn sich Reh und Hirsch, Gämse und Fuchs, Wolf und Luchs unkontrolliert verbreiten würden?" Diese bedeutungsschwangere Frage erzeugte zwar massives Stirnrunzeln beim ebenfalls anwesenden Präsidenten von Pro Natura Thurgau, brachte ihr aber tosenden Applaus und für die Zukunft auf jedem Wahlzettel bestimmt zwei Stimmen. Als sie sich wieder an den Tisch zum Regierungsrat setzte, klärte sie dieser sofort auf, dass es mit der jagdlichen Regulierung von Luchs und Wolf so eine Sache sei. Doch gesagt war gesagt und die Thurgauer Jäger werden sich zu Recht auf die Rede der Großratspräsidentin besinnen, sollten sich die beiden Luchse, die nächstens im Hinterthurgau ausgesetzt werden, allzu ungebührlich vermehren. Schade nur, dass nicht jedes Jahr Wahljahr ist.

Geschichten am Aserfeuer

Sie gehen bestimmt mit mir einig, dass einer der Höhepunkte der herbstlichen Gemeinschaftsjagden das Beisammensein am Aserfeuer ist. Denn wenn das letzte Treiben vorbei, die mehr oder weniger große Strecke verblasen und Hund samt Waffe im Auto versorgt sind, beginnt der jagdlich gemütliche Teil. Zwar gibt es stets ein paar bemitleidenswerte Mit-Weidgenossen, die das Geschichtenerzählen am Aserfeuer verpassen. Beispielsweise der Managertyp, der „im Büro noch schnell einen wichtigen Vertrag unterzeichnen sollte", oder der junge Familienvater, der heim muss, um seinen Nachwuchs genossen zu machen. Was dann aber übrig bleibt, ist der harte Kern, gereift im Umgang mit geschäftlichen und häuslichen Fragen. Das heißt, beruflich ist man(n) entweder gescheitert, unanfechtbar oder pensioniert, und zu Hause hat die Angetraute längst herausgefunden, dass es keinen zufriedeneren Partner gibt, als einen Jäger, der Aserfeuer resistent ist und deshalb erst spätabends als halbe Rauchwurst, aber überglücklich nach Hause kommt. Sich dann gleich ins Bett legt, um in Dianas Armen friedlich wegzuschnarchen.

Sind die Bemitleidenswerten weg, kommt am Feuer die Zeit des Zusammenrückens. Es werden nochmals ein paar Holzscheite aufgelegt, die Nase beginnt vor Hitze zu glühen und der Rücken wird immer eisiger. Da klingelt ein Handy mit „Aufbruch zur Jagd", der Lautsprecher ist eingeschaltet und daraus tönt die liebliche Stimme eines weiblichen Wesens: „Bist du es, Schatz? Hast du Weidmannsheil gehabt?" Der Schatz brummelt Ja und das Aserfeuer nimmt positiv zur Kenntnis, dass es sich da um eine Fachfrau handeln muss. Sofort meldet sich diese wieder: „Super, ich habe heute streng gearbeitet und vorhin gerade geduscht. Wann kommst du nach Hause, mein Brunftböckli?" Dem „Brunftböckli", zwar eher als kapitaler Erntebock anzusprechen, wird das nun zu viel. Er steht auf, verliert sich im dunklen Tann und ward an diesem Abend nicht mehr gesehen.

Jagdhütten können wunderschöne Geschichtenerzähler sein. Von so einer ist die Rede, behangen mit Rehgeweihen und Keilerwaffen.

Kapitaler Perückenbock

Und darüber thronend die kapitale Trophäe eines Perückenbockes. Wie kam diese seltene Trophäe an diese Wand? Ein halbes Dutzend fragender Augenpaare richten sich auf einen Jagdkameraden. Dieser knapp: „Diese Geschichte kennt ihr doch schon lange." Ja, vielleicht, aber man will sie unbedingt nochmals hören. Um die 50 Jahre ist es her, der Erzähler, damals Jungjäger, wird gerade in die Jagdgesellschaft aufgenommen. Noch vor Aufgang der Bockjagd steht er eines Morgens vor dem „Perückler", erkennt sofort, dass das eine extreme Seltenheit ist und vertraut sich seinem ebenfalls jagenden Vater an. Der rät ihm zum Schweigen und zum Warten auf den ersten Jagdtag. Schon um drei Uhr ist unser Jungjäger zur Stelle, getarnt in einer Hecke, jagdfiebrig auf den Tagesanbruch wartend. Der kommt, aber auch weitere Gestalten tauchen auf, seine Mitpächter. Der eine fährt „zufällig" vorbei, ein anderer sitzt versteckt im nahen Apfelbaum, ein dritter mimt den Spaziergänger und ein anderer den Wolf im Schafspelz. Doch vom Bock weit und breit keine Spur. Das wiederholt sich Tag um Tag, alle sind vor Ort, nur der Bock nicht. Und es herrscht eisiges Schweigen. Unser Jungjäger, müde vom Daueransitz, schaltet eine Stufe höher und engagiert seine Frau. Sie soll nach dem Bock und den Kollegen Ausschau halten, während er sich schlafend von den Strapazen erholt. Es ist ein unruhiger Schlaf, denn stets ist damit zu rechnen, dass der Bock auftaucht und dann gilt „jetzt oder nie". Doch dieser hat sich in Luft aufgelöst. Eines Tages im Juli, der erlösende, aber auch aufwühlende Schuss. Ein Mitpächter entdeckt den Bock im Weizenfeld. Und bum, ist dieser tot. Jetzt aber kommt die große Schelte: „Du fieser Kerl, weshalb hast du uns von diesem Bock nie etwas erzählt? Hast du etwa gemeint, du als Jungjäger könntest so eine spezielle Trophäe erlegen?" Seither hängt der Bock in der Jagdhütte, als Erinnerung, als Geschichte und Mahnmal zugleich.

Ich lege meine Hand ins Aserfeuer, dass diese beiden Geschichten der reinen Wahrheit entsprechen, zumindest aber den ungeschriebenen Gesetzen des Jägerlateins. Der Rest ist jedoch frei erfunden.

Smartphones im jagdlichen Einsatz

Sie wissen nicht, was Smartphones sind? Dann sind Sie von vorgestern, wie ich es bis vor kurzem war, und sollten sich durch Ihre Jüngsten aufklären lassen. Die werden Ihnen mit leuchtenden Augen antworten: „Also, das ist so ein cooles Gerät, mit dem kann man nicht nur phonen, SMS versenden und Selfies knipsen, sondern auch total geile Videos drehen. Schau da, ein super Live-Videostream von unserer Kindergarten-Lehrerin, wie sie gerade auf der ausgelegten Bananenschale ausrutscht." Alles klar? Jedenfalls habe ich nach der Konfrontation mit derart supergeilen Filmen kurzerhand meine tiefsitzende Abneigung gegen Smartphones aufgegeben und auf den weihnächtlichen Wunschzettel so eine digitale, eierlegende Wollmilchsau gesetzt. Die Einsatzmöglichkeiten für uns Jäger sind grenzenlos, wie die zwei mitten aus dem jagdlichen Alltagsleben gegriffenen Beispiele zeigen.

Im letzten Winter auf einer Drückjagd: Bereits war angeblasen worden. Jederzeit konnte mit anwechselndem Wild gerechnet werden. Da, von rechts, anstatt wohltönendem Hundegeläut, Mozarts Zauberflöte. Natürlich habe ich nichts gegen Mozart, aber alles zu seiner Zeit. Und dann auf gut 60 Schritt die säuselnde, aber laute Stimme – Handy-Benützer müssen ja stets ihre Umwelt am Gespräch teilnehmen lassen – meines Standnachbarn: „Ja Schatz!" – Pause – „Nein Schatz!" – Pause – „Selbstverständlich bin ich auf der Jagd, Schatz." – Pause – „Was denkst du von mir, Schatz!" Und dann, mit noch lauterer Stimme, zu mir hinüber: „Hey, Martin, winke mir bitte!" Ich rudere heftig mit beiden Armen wie beim Morgenturnen. Er richtet die Mündung seines Smartphones auf mich. Ein paar Tastendrucke und Wischbewegungen und dann wieder seine, jetzt überlaute Stimme: „Siehst du jetzt, Schatz, dass ich wirklich auf der Jagd bin!" Alibi gut, alles gut.

Szenenwechsel: Jagd auf den Sommerbock. Man hat nach unzähligen Ansitzen endlich seinen Erntebock zur Strecke gebracht, avisiert per Handy seine Jagdkollegen, damit der ganz spezielle Rote schon mal liebevoll dekantiert wird und fährt voller Stolz zur Hütte. Mit einem Bruch auf dem Hut, der mehr einem Christbaum als einem Schützenbruch ähnelt. Kaum bei der Hütte vorgefahren, tritt der Rehwildexperte der Jagdgesellschaft in Aktion – in jeder Gesellschaft gibt es todsicher einen solchen Jagdpapst –, öffnet ungefragt den Kofferraum, reißt dem Bock den letzten Bissen aus dem Äser und streicht mit seinem rechten Zeigefinger langsam über den Unterkieferast. „Zwei-, höchstens dreijährig", sein vernichtendes Urteil.

Smartphone – die eierlegende Wollmilchsau

Natürlich wird der gute Rote schon noch getrunken, denn Jäger gehören nicht zu jenen Weicheiern, die in Krisensituationen vergorenen Rebensaft wegschütten. Doch der Bock wird nicht totgetrunken, sondern totgeschwiegen. Kein Weidmannsheil, keine Erlergergeschichte. Stille herrscht in der Jagdhütte und wenn doch einmal einer etwas sagt, dann geht es ums Wetter oder um Politik. Unser Bockjäger wird sich früh verabschieden, tief geknickt nach Hause fahren und die ganze Nacht von Alpträumen geplagt werden.

Dank einem Smartphone muss solch ein trauriges Schicksal in Zukunft nicht mehr sein. Tritt der lang ersehnte Erntebock im letzten Licht auf die Wiese, wird rasch ein Video gedreht, an die „EREZ" („Europäische Rehwild-Experten-Zentrale") übermittelt, wo nicht Lokalmatadoren, sondern echte Rehwildgurus vom Kaliber eines Hespeler oder Wölfel sitzen, und in wenigen Sekunden wird Ihnen per SMS auf den Monat genau mitgeteilt, wie alt der vor Ihnen äsende Bock ist. Der Rest ist nur noch Routine: Schuss, aufbrechen, den Jagdkollegen schon mal das EREZ-Alterszertifikat zusenden und dann zur Hütte fahren. Natürlich wird Ihr Rehwildexperte wieder aktiv. Wieder wird er mit dem Zeigefinger über den Unterkieferast streichen und wieder wird er sein Urteil abgeben: „Tatsächlich, der Hespeler hat recht, genau sechs Jahre und drei Monate alt ist der Bock." Sie und Ihre Jagdkollegen werden bis frühmorgens den Bock tottrinken und das Geweih wird einen ganz speziellen Platz an Ihrer Trophäenwand erhalten. Und darunter für die Nachwelt das Alterszertifikat mit einem Selfie, das Sie samt Rehbock in fröhlicher Runde zeigt. Selbst der Erntebock zeigt ein feines Lächeln um den Äser, was ja nicht verwundert, konnte er doch – Smartphone sei Dank – während sechs Jahren und drei Monaten unbeschwert seine Fährte ziehen.

Rotkäppchen und der Fünfliber (Fünffrankenstück)

Mitte Juni 2014 konnte der Vorstand von JagdSchweiz einen seiner größten Erfolge der jüngsten Geschichte in trockene Tücher wickeln. Nach monatelanger Überzeugungsarbeit stimmten die Delegierten dem Antrag auf Erhöhung des Mitgliederbeitrages einstimmig zu. Zwar ist es (noch) nicht der von Alt-Chefredakteur Kari Lüönd immer wieder geforderte Halbliter, aber immerhin ein Fünffrankenstück. Wobei es ja stets unklar blieb, ob es sich beim Vorschlag von Lüönd um den Gegenwert von einem halben Liter Hügelwein handelt, den der Gamsjäger im Schächental für einen Fünfliber erhält oder um einen halben in Siebendeziqualität, für den der Zürcher Stadtjäger im Nobelrestaurant locker 40 Franken hinblättert. So oder so, der Vorstand von JagdSchweiz sagte sich wohl: Lieber subito den Tell in der Kasse als den Rebberg auf dem Dach. Und freute sich zu Recht riesig über den großen Erfolg.

Gleichzeitig stellte sich für uns Verbandsmitglieder aber die Frage, was mit den zusätzlichen Einnahmen von klar über 100.000 Franken geschehen soll? Werden sie wirklich für die Sache der Jagd eingesetzt oder versickern sie in irgendwelchen administrativen Kanälen? Die Klärung samt Entwarnung folgte sogleich. Einem vertraulichen Protokoll aus einer Vorstandsitzung von JagdSchweiz war zu entnehmen, dass man mit dem zusätzlichen Geld etwas Großes im Bereich nationaler Öffentlichkeitsarbeit vorhatte. So sah die Planung vor, mit Unterstützung des Bundesamtes für Umwelt (BafU) und dem WWF, im Schweizerischen Nationalpark bei Zernez ein 2.000 Hektar großes Gatter einzurichten, wo all die im Wallis und Tessin nicht mehr genehmen Wölfe angesiedelt werden können, ohne dass sie sich künftig vor Pulverdampf und Blei noch fürchten müssen. Das Highlight dieses Projektes bildete der Aufbau einer Arena mitten im Gatter, wo alljährlich, von Frühjahr bis Herbst, in freier und wilder Natur das Märchen vom Rotkäppchen aufgeführt werden kann. Ein potentieller Mega-Event, der sich wohltuend von der inflationären Anzahl an hundsgewöhnlichen Freilichtaufführungen abheben soll, die jedes Jahr unser Land überschwemmen. Im Weiteren war im Projektplan vorgesehen, dass die Wölfe im Gatter sozialisiert werden sollen, will heißen, Wildbiologen der KORA (Fachstelle für Raubtierökologie und Wildtiermanagement) züchten aus den blutrünstigen, Schafe, Ziegen und Hirsche reißenden Bestien, zwar immer noch wilde, aber vegane Wölfe der neuen Art *Canis lupus veganus* heran. Nach einer erfolgreich absolvierten Austrittsprüfung – dafür sollen die Wölfe zwei Wochen lang ohne Fütterung in einer Herde Schwarznasenschafe gehalten werden – wird anschließend die Freilassung in ihren angestammten Habitaten im Wallis und Tessin erfolgen, damit sie dort die Alpweiden von Blacken und invasiven Unkräutern säubern können.

Rotkäppchen und der böse Wolf

Und nach der Austrittsprüfung, aber noch vor der Freilassung werden die resozialisierten Wölfe jeweils von April bis Oktober auf der großen Naturbühne im Nationalpark den Wolf im Rotkäppchen spielen. Die Premiere hat am 1. April 2015 stattgefunden. Für die Uraufführung konnten hochkarätige Laienschauspieler gewonnen werden. So wurden das Rotkäppchen von Umweltministerin Doris Leuthard, die Großmutter von Alt-Außenministerin Micheline Calmy-Rey und der Jäger vom eidgenössischen Jagdverwalter Reinhard Schnidrig dargestellt. Stellen Sie sich den hochemotionalen Schluss des Schauspiels vor, als beim Ertönen des Signals „Wolf tot" der Jagdhornbläsergruppe Zernez das Ensemble mit Standing Ovations verabschiedet wurde, Reinhard Schnidrig sich mit rauchendem Narkosegewehr vor den Applaudierenden verneigte, JagdSchweiz-Präsident Hanspeter Egli Doris Leuthard als Dank für ihren grandiosen Auftritt eine nagelneue Wildkamera und der Micheline ein von den Gebrüdern Grimm handsigniertes Exemplar des Rotkäppchens überreichte. Der Wolf, gerade wieder aus dem Narkoseschlaf erwacht, bekam auf güldenem Tablett ein Hirschkalb aus veganer Schokolade serviert und die Oberländer und Unterländer Zuschauer lagen sich in den Armen, gemeinsam das Lied vom Gämseli Jäger anstimmend.

Fürwahr ein tolles Märchen, jedoch zu schön, um wahr zu sein. Den Fünfliber wäre es aber alleweil wert.

Tod am Calanda

Der Begriff „Calanda" bezeichnet entweder einen Gebirgszug im Grenzgebiet der Kantone Graubünden und St. Gallen oder eine traditionsreiche Bündner Biermarke. Wer nun glaubt, dass es sich bei „Tod am Calanda" um den neuesten Tatort-Krimi handelt, bei dem dutzendweise Leichen den Berghang hinunterrollen und in der nahen Brauerei zu Gerstensaft verarbeitet werden, verfolgt die falsche Fährte. Die Situation ist unspektakulärer und trotzdem dramatisch. Unspektakulärer deshalb, weil rund um den Calanda (noch) keine Menschen zu Schaden kamen, und dramatisch, weil verschiedene Akteure ein Spiel treiben, das durchaus tödlich ausgehen könnte. Zumindest für zwei Wölfe.

Zu den Hauptakteuren dieses Dramas gehört ein Rudel Wölfe. Deren Vorfahren sind nicht nur illegal, das heißt ohne gültigen Reisepass und ohne Niederlassungsbewilligung, aus Italien eingereist, sie haben sich auch schon viermal am Calanda fortgepflanzt und deshalb zu einem Rudel von acht bis zehn Wölfen formiert, das sich genüsslich durch den örtlichen Rotwildbestand frisst. Das ist natürlich ungeheuerlich, weckt Ängste und verstößt klar gegen die Regeln der Gastfreundschaft – Fremde ja, aber nur wenn sie sich anpassen und verzehren, was landesüblich ist: Käse und Brot und nicht Lammrücken sowie Hirschschnitzel. Ärgerlich ist vor allem, wenn die Horde sogar tagsüber durch die Siedlungen streift, sich niemand mehr auf die Straße traut und die Kinder deshalb schulfrei haben. Das macht, könnte man annehmen, die Talbevölkerung zu den großen Gegnern der Graupelze. Weit gefehlt: Die einen begrüßen *Canis lupus* und füllen ihm jeden Abend den Katzenteller randvoll, die anderen, etwas übermäßig durch das „Rotkäppchen-Gen" traumatisiert, fürchten um Leib und Leben und würden am liebsten eine Bürgerwehr gegen den Wolf organisieren. Und dazwischen, im Spannungsfeld dieses Dreiecksverhältnisses Wolffreunde–Wolf–Wolfgegner, haben die zuständigen Jagdbehörden ihre Auftritte. Keine einfachen, wie sich zeigen wird. Eher ruhig im Hintergrund halten sich die Statisten.

Da wären mal die Förster, die sich von den Grauhunden eine aktive Schutzwaldpflege erhoffen. Dann die Schafbesitzer, die zwar mit dem Wolf meist auch nicht viel am Hut haben, die aber mit subventionierten Herdenschutzhunden und Schafrissen ganz gut über die Runde kommen. Und nicht zuletzt sind da auch noch die Jäger, die zwischen Begrüßungskultur und Ablehnung hin- und hergerissen werden, sich aber in diesem Fall als Statisten nicht unwohl fühlen.

Ende 2015 wurde der zweite Akt im Wolfsdrama eingeläutet. Die Jagdbehörden konnten dem Druck der Straße nicht mehr widerstehen und bewilligten den Abschuss von zwei Jungwölfen. Mit klaren

Kommt da etwa ein Wildhüter dahergeschlichen?

Auflagen: Die beiden Tiere dürfen nicht miteinander erlegt werden und das Rudel muss anwesend sein, um im Anblick des Mündungsfeuers der Büchse das Fürchten zu lernen. Und der Abschuss darf nicht etwa im Berggebiet des Calanda erfolgen, sondern im Siedlungsraum. Denn die Überlebenden sollen lernen, dass Menschen, Siedlungen und Luderplätze tödlich sind. Am Zuge sind jetzt die Wildhüter, die Bedauernswerten, ist man versucht zu sagen. Denn die müssen nun im dritten Akt der Tragödie die Entscheide ihrer Chefs umsetzen.

Man stelle sich vor: Da warten die Wildhüter im Tarnzelt bereits tagelang am Rande eines Dorfes und lauern auf die Wölfe. Aus jedem zweiten Stubenfenster zielt das Teleobjektiv eines Reporters, mit dem der finale Abgang eines Wolfjünglings festgehalten werden soll. Und dann taucht so ein Grauhund auf. Aber alleine. Kommt jedoch das ganze Rudel, um wieder einmal die auf den Terrassen stehenden Futternäpfe zu kontrollieren, sind im Dunkel der Nacht, bei Neumond und ohne Schnee alle Katzen und Wölfe grau. Will heißen, es ist unmöglich, die Jüngsten des Rudels von der Leitwölfin zu unterscheiden. Deshalb wird der dritte Akt noch einige Zeit andauern und das Wolfsrudel mit seinem Geheul, weit ins Tal hinaus vernehmbar, El Niño und den schneearmen Winter lobpreisen. Am 31. März findet jedoch die letzte Vorstellung statt, denn dann läuft die Abschussgenehmigung aus. Für die Saison 2016/17 ist aber bereits eine Neuinszenierung des Dramas geplant. Bis dahin muss der Tod am Calanda wohl noch etwas warten.

Tod auf dem Geleise

Konnten Anfang April die Wölfe am Calanda aufatmen, weil keiner ihrer Rudelgenossen in die ewigen Jagdgründe hinüberwechseln musste, gab es 50 Kilometer weiter südöstlich am Ufer des Inn einen heftigen Knall. Denn während die Isegrims hoch oben am Berg ihr Überleben bei einem Hirschrücken-Schmaus feierten und Petrus für den schneearmen Winter dankten, verwechselte am 8. April 2016 kurz nach 23.00 Uhr ein Bär in der Nähe von S-chanf die Geleise der Rhätischen Bahn (RhB) mit einem Zebrastreifen. Dieser Irrtum war tödlich. Da nützten weder Bärenkräfte noch die 110 Kilogramm

Auge in Auge – aber besser nicht mit einer Lokomotive der RhB!

Lebendgewicht etwas. Die Lokomotive war stärker. Nun liegt der Kadaver im Kühlraum der Universität Bern und wartet auf die Bestimmung der genauen DNA. Vermutlich handelt es sich beim Jungbären um M32, der, wie seine Kollegen vor ihm, aus Norditalien in die Schweiz eingewechselt war. Pech für ihn, dass er der 13. Petz war, der sein Heil in unserem Land suchte. Mit dieser Unglückszahl behaftet konnte es ja nicht gut gehen. Vor allem nach den Erfahrungen seiner Vorgänger, die mangels einer bärenstarken helvetischen Willkommenskultur entweder wieder auswanderten oder tot geschossen wurden. Was im Alpenraum nichts Außergewöhnliches ist, mussten doch auch bei unseren österreichischen Nachbarn einige der Petze auf der Straße oder vor einem Gewehrlauf ihr Leben lassen.

Die Kommentare der empörten Zeitgenossen in der Zeitung *Blick* und anderswo waren entsprechend. Die einen vermuteten, dass Jäger den Bären auf die Geleise gelockt oder das vorher erschossene Tier – um alle Spuren zu verwischen – auf die Schienen gelegt hätten. Deshalb auch die ultimative Frage einer Leserin: „Hat der Lok-Führer den Bären noch lebend gesehen?" Andere sehen Imker als Frevler – sie sollen eine Honigspur zu den Geleisen gelegt haben – hatte doch Meister Petz in den Tagen vor seinem schmählichen Ende noch dieses und jenes Bienenhaus geplündert. All das ist jedoch reine Spekulation. Weshalb aber hat der Bär die Geleise als Wildwechsel angenommen? War er etwa der Meinung, dass der letzte Zug, Zernez ab 23.10 Uhr, bereits vorbei war? Folgte er ganz einfach dem Werbeaufruf unserer Bahnen: „Der Kluge fährt im Zuge" und wollte bei S-chanf einsteigen? Oder hatte er den Fahrplan im Bahnhof Zernez nicht richtig gelesen oder gar sein Smartphone nicht dabei, um sich online über GPS stets seinen aktuellen und gefahrlosen Standort übermitteln zu lassen? Fragen über Fragen. Die plausibelste Antwort zum Tode des Tieres gab ein Wildbiologe: Der Bär sei ganz einfach seiner bärigen Nase gefolgt, die ihm in der milden Frühlingsnacht diverse Wohlgerüche ins Hirn übermittelt habe. Pizokel, Capuns und vor allem Bündner Nusstorten lägen am Ende eines Tages haufenweise zwischen den Gleisen. Ja, haufenweise, denn diese Delikatessen haben, wenn sie zwischen den Schienen landen, bereits den Pansen und das Gescheide von uns Zweibeinern durchquert. In dieser

Form, fand der Bärenkenner, seien dies Leckerbissen für Meister Petz und eine Riesenversuchung, der er kaum widerstehen könne. Umso mehr, als mitten in der Nacht im ganzen Inntal bereits alle Läden und Bahnhofkioske geschlossen hatten und die Bienenstöcke mit stromführenden Weidezäunen gesichert waren.

Jetzt stellt sich die Frage, wie wir vorsorgen können, um solche Bärentragödien in Zukunft zu vermeiden. Klar ist, dass wir beim Auftauchen eines viertatzigen Immigranten nicht gleich den gesamten Zugverkehr lahmlegen können. Immerhin sollte es aber möglich sein, den Bahnverkehr der RhB für 24 Stunden auszusetzen, um alle WC-Rohre in den Zügen abzudichten. Realisierbar sollte auch sein, dass Bären künftig etwas geordneter in die Schweiz einreisen. Will heißen, in den Gebieten der Braunbäreneinfallsrouten sind die Tiere durch das Aufstellen von Zäunen – die Österreicher könnten uns für deren Bau bestimmt gute Ratschläge erteilen – so auf Zwangswechsel zu leiten, dass sie beim Grenzübertritt nicht nur ihre DNA und Fußabdrücke hinterlassen, sondern gleichzeitig eine Einführung im Fahrplanlesen bekommen könnten. Verbunden mit dem Rat, sich auch in der Schweiz weiterhin an Pizzas, Salami sowie Panettone zu halten, und der großen Versuchung „Bündner Nusstorte" unter allen Umständen zu widerstehen.

LUNO, Turo und Claudius

Das Projekt der Luchsumsiedlung in die Nordostschweiz (LUNO) schnürt auf wackligen Pfoten. Von den neun in den letzten sechs Jahren aus den Westalpen und dem Jura umgesiedelten Luchsen scheinen noch vier am Leben zu sein. Die anderen sind verschwunden, überfahren, an Herzversagen gestorben oder, so hatte sich jedenfalls die Naturschutzorganisation Pro Natura geäußert, von Jägern gefrevelt. Auch mit dem Nachwuchs hapert es. Anstatt nun das Projekt, wie ursprünglich geplant und versprochen, Ende 2006 abzuschließen, gingen die zuständigen Regierungsräte der fünf LUNO-Kantone und das Bundesamt für Umwelt (BafU) in die Offensive und beschlossen, in den kommenden beiden Wintern drei bis vier weitere Luchse umzusiedeln. Der oberste Thurgauer Jagdherr, Regierungsrat Claudius Graf-Schelling, äußerte in der Thurgauer Zeitung (TZ) die Ansicht, „dass das Kompartiment Nordostschweiz ein genügender Lebensraum sei" und deshalb die nächsten beiden Luchse im Thurgau freizulassen seien. Konträr dazu die Meinung des Präsi-

Foto: wikimedia/Bernhard Landgraf

*Claudius der Regierungsrat und Claudius der Luchs,
beide wichtige Pfeiler des Projektes LUNO*

denten von Jagd Thurgau, der im selben Artikel das Projekt als Flop bezeichnete, das abgebrochen werden müsste.

Wer erwartet hätte, dass es jetzt zum finalen Showdown zwischen Jägerpräsident und Regierungsrat kommen würde oder zumindest zu einem Sturm der Entrüstung unter den Thurgauer Jägern, sah sich getäuscht. Thurgauer sind friedfertige Menschen, das wusste sogar Reinhard Schnidrig vom BafU, der ebenfalls in der TZ meinte: „Von der natürlichen Umgebung her wäre es anderswo besser, aber im Thurgau scheint die Aussetzung politisch durchführbar." Böse Zungen sagen zwar, dass dies für Graf-Schelling nicht der Hauptgrund gewesen sei. Vielmehr sei ihm versprochen worden, den einen der auszusetzenden Luchse auf Claudius zu taufen und ihm damit ein Denkmal auch außerhalb des Kantons zu setzen. Und Ohren, die selbst Tote noch husten hören, meinten gar, als Gegenleistung für das Wohlverhalten der Jäger sei dem Jägerpräsidenten versprochen worden, bei der in drei Jahren anstehenden Revierverpachtung die Pachtpreise um 30 % zu senken.

Tatsache ist, dass der Graf, wohl in einem Anflug royalistischer Gesinnung und in Anlehnung an einen seiner Vorgänger, den Alt-Thurgauer Napoleon, einsam entschieden hat: „L'empereur c'est moi, basta, die nächsten Luchse kommen in den Thurgau!" Die direkt Betroffenen, das heißt die noch nichts Böses ahnenden Luchse, wurden natürlich, genauso wie die Jäger, nicht um ihre Meinung gefragt. Die Luchse werden sich deshalb wundern, dass sie eines Nachts in einer Schlinge hängen bleiben, um nach zwei, drei Wochen Quarantäne an einem fremden Ort wieder in die Freiheit zu gelangen. Doch welche Freiheit! Sich im Osten oder Westen in den Stadtparks von St. Gallen und Winterthur mit einem Junkie zu paaren, ist für einen Luchs bestimmt keine besondere Herausforderung. Im Norden fehlen an der A1 immer noch die versprochenen Grünbrücken und dahinter kommt dann bald die Landesgrenze, wo Fluchtversuche der Pinselohren definitiv im Narkose-Sperrfeuer der Luchsforscher enden werden. Luchs Turo kann davon ein Lied schnurren.

Somit bleibt nur noch der Weg nach Süden, denn die paar Rehe und geschützten Gämsen, die im Hinterthurgau ihre Fährte ziehen, vermögen auf die Dauer keinen Luchsmagen zu füllen. Und so werden Claudius und seine Gefährtin Richtung Tössstock ziehen, wo sie von den Verbiss geschädigten Förstern, die immer noch glauben, ihr Problem mit genügend Luchsen lösen zu können, mit offenen Armen empfangen werden.

Ein Wunsch noch an die Luchsforscher: Nehmt von den zwei Luchsen während der Quarantänezeit nicht nur Blut und analysiert nicht nur die Gene. Sondern ermittelt das Alter, erstellt ein Belastungs-EKG, macht mit ihnen einen Psycho-Test und lasst sie röntgen. Denn es wäre schade, wenn sich die beiden kurz nach der Freilassung einen Herzinfarkt holen oder sich aus Heimweh unter ein Auto stürzen würden und man dann feststellen müsste, dass sie auch noch mit Schrot vollgespickt sind. Für die Thurgauer Jäger sind Luchse zwar keine Schmusekatzen, die Thurgauer Luft ist aber auch nicht bleihaltig.

Was Politiker zu wissen glauben

„**W**ildschweine gehören nicht auf die Straßen und die Hasen vermehren sich deutlich." Das sind nicht etwa die klaren Aussagen eines wildschweingeplagten Verkehrspolizisten und einer Verkäuferin vor dem Schokoladenosterhasenregal. Nein, das sind zwei der tiefgründigen Feststellungen, die während der Feldhasendebatte im Zürcher Parlament Anfang des Jahres 2002 gefallen sind.

Worum ging es? Die Winterthurer SP-Kantonsrätin Regula Ziegler-Leuzinger wollte mit einem Postulat den Regierungsrat einladen, durch vermehrte Förderung der Extensivflächen, wie zum Beispiel der Buntbrachen, dem vom Aussterben bedrohten Feldhasen einen optimaleren Lebensraum zu verschaffen, dem Osterhasen damit wieder zu mehr Nachwuchs zu verhelfen, und, so quasi als positiver Nebeneffekt, auch gleich noch eine Verminderung der Wildschweinschäden zu erreichen. Denn, so Ziegler-Leuzinger, Sauen lieben Buntbrachen als Wohlfühloasen. Und lobend erwähnte sie die Jäger, welche freiwillig auf den Abschuss von Feldhasen verzichten würden, weil kaum noch Langohren durch die Wiesen hoppelten. Doch Mümmelmann polarisierte einmal mehr die Rechte und die Linke im Rat. Vielleicht auch nur deshalb, weil er sich in einer unheiligen Allianz mit dem Schwarzwild verbandelte und damit vor allem die Schweizerische Volkspartei auf den Plan rief. Deren früherer Fraktionschef hielt klar fest, dass Wildschweine nicht auf die Straße gehörten, was leicht passieren könnte, wenn sie auf dem Weg zu einer Buntbrache seien. Befürchtete er wohl, dass die SP-Postulantin über die Feldhasen-Hintertüre die Zürcher Kantonsstraßen aufbrechen und in Buntbrachen verwandeln wollte? Zwei seiner Fraktionskollegen doppelten nach und bezeichneten das Postulat als unnötig, da die Wildschweine Kartoffel- und Zuckerrübenäcker den Buntbrachen vorzögen. Auch Wiesland würden die Sauen lieben, Getreide und Mais, aber keine Blumenwiesen.

Und der Feldhase? Dem gehe es immer besser, die Bestände näh-men zu, meinte der Sprecher der Liberalen und das Postulat sei somit abzuschreiben. Als ganz Rechter konnte der Vertreter der Schweizer Demokraten sogar vermelden, dass er auf dem Weg zur Ratssitzung im Zürcher Oberland vier Hasen gesehen habe. Den Zwischen-ruf eines Grünen, das seien doch wohl Kaninchen gewesen, wies der Politiker vehement zurück. Nur Linke, Fast-Linke und Grüne konnten partout keine Hasen mehr ausmachen, weder im Zürcher Ober- noch im Unterland. Die Spezies sei reduziert auf Schoggiha-sen in den Regalen der Lebensmittelläden. Als dann aber noch ein FDP-Kantonsrat und Jäger aus dem „Säuliamt" das Wort ergriff und sich zusammen mit der Regierung für Ablehnung aussprach, war der Mist geführt und die Buntbrache gebodigt.

Und die Moral von der Geschichte? Meister Lampe sei dringend empfohlen, in Zukunft nur noch rechte Haken zu schlagen, seine Löffel stets leicht rechts zu tragen und auf jeglichen Linksdrall zu ver-zichten. Damit würde er im Zürcher Parlament subito mehrheitsfä-

Foto: wikimedia.org

Feldhasen lieben Buntbrachen. (Albrecht Dürer)

hig. Und die Wildschweine? Die sind einzufangen und in den Alpen wieder auszusetzen. Die Umsiedlung wäre dann nach dem Luchs so quasi die zweite freundeidgenössische Berghilfe der Unterländer für unsere Alpenbewohner. Auf den Alpen gibt es keine Straßen, kein Wiesland, keine Rüben-, Kartoffel-, Mais- und Weizenäcker, sondern nur Buntbrachen. Und die mögen die Schwarzkittel tatsächlich, entgegen aller rechten Ratsvernunft.

Wie sagte doch Volkswirtschaftsdirektor Ruedi Jeker zum Abschluss der Debatte: „Es gibt erste Erfolge mit einer neuen, wildschweinfreundlichen Buntbrache!" Schön, hoffentlich schmeckt die auch unseren Feldhasen.

Menschenfreund und Schmusekatze

Essen Sie Hundefleisch? Nein? Weshalb nicht, soll doch ein Steak vom Hund ausgezeichnet schmecken. Sagen jedenfalls die Chinesen. Und halten unseren Menschenfreund in Zuchtfarmen wie wir Schweine. Diese essen wir ja auch und dazu Hühner, Rinder, Pferde und das 100-%-Bio-Produkt „Wildfleisch". All diese Tiere würden bestimmt lieber einen weiten Bogen um die Bratpfanne machen, als in dieser zu brutzeln. Also weshalb nicht einmal ein Waldi-Schnitzel als Sonntagsschmaus auf dem Tisch? Ganz einfach: Der Hund ist ein Menschenfreund und Freunde isst man nicht. Im Gegenteil, man hegt und pflegt sie bis zum selig Ende.

Ganz anders sieht das aber aus, wenn sich dieser Menschenfreund immer wieder mal jagenderweise an „unserem" Wild vergreift. Zwar

Hauskatze – Schmusekatze und Vogelmörderin zugleich

wird der auf frischer Tat ertappte Missetäter trotzdem nicht im Kochtopf landen, aber er läuft Gefahr, bleihaltige Luft einatmen zu müssen. Was natürlich ihm und den betroffenen Mitmenschen gar nicht gefällt. Und so wird dann der allgemein anerkannte Menschenfreund zum einen Leid und zum anderen Feind. So geschehen um die Jahreswende im Thurgau. Der „Fall Skippy" wird teuer, titelte das lokale Blatt, denn sowohl der Jäger, der den Bless (Appenzeller Hund) erlegte, als auch der Hundebesitzer, der mehrmals verwarnt worden war, würden nun angezeigt. Glücklicherweise erhielt der Fall weder lokal noch national besondere Aufmerksamkeit, sodass der Bless und die von ihm gejagten Wildtiere bald wieder ruhigeren Zeiten entgegenblicken konnten. Doch der oberste Tierschützer des Kantons bekam die Plattform, um den Jägern einmal mehr auf den Pelz zu rücken. Was diese mit Murren zur Kenntnis nahmen, denn eigentlich sollte der Schützer sowohl Menschenfreunde als auch Wildtiere genau gleich liebevoll vor Unbill bewahren.

Szenenwechsel. So sicher wie das Amen in der Kirche schwappt jeweils im Frühjahr eine Welle des Protestes über die Vogeljäger Italiens. Millionen von Zugvögeln sollen dort illegal in Netzen, in Schlingen und auf Leimruten ihr Leben lassen. Bilder von frisch gerösteten Rotkehlchen machen die Runde und fordern den Zorn von uns Mitteleuropäern heraus. Dabei machen die Italiener ganz einfach das, was bei uns jahrein, jahraus unsere Schmusekatzen auch tun: Ernten, was da so kreucht und fleucht. Sehr erfolgreich, denn gemäß einer kürzlich erschienenen Studie aus den USA sollen dort rund 84 Millionen Hauskatzen jedes Jahr bis zu 3,7 Milliarden Vögel erbeuten. Das sind 44 Vögel pro Mietze. Rechnet man diese Zahlen auf die Schweiz um, lassen hier bei einem Katzenbestand von 1,3 Millionen Tieren rund 57 Millionen Gefiederte und bestimmt auch ein paar Feldhasen ihr Leben im Fang einer Katze. Gibt man unseren Schmusekatzen noch einen 50-%-Kitekat-Verwöhn-Bonus, weil sie mit vollem Bauch auf die Pirsch gehen, verbleiben immer noch 30 Millionen Vögel im Jahr. So oder so: Die Biologen, welche die Studie durchgeführt hatten, kommen zum Schluss, dass Katzen eine größere Gefahr für die Artenvielfalt darstellen als landwirtschaftliche Pestizide oder die Zerstörung der natürlichen Lebensräume durch den Menschen.

Oder die italienischen Vogelfänger, könnte man anfügen. Und die Antwort des Schweizerischen Tierschutzes STS auf diese Problematik? Bei seinem Spendenaufruf an „die gesamte tierfreundliche Schweizer Öffentlichkeit" ärgerte er sich in einem offenen Brief an unseren obersten Jagdverwalter Reinhard Schnidrig vom Bundesamt für Umwelt darüber, dass sich dieser „für das humane Töten von streunenden Katzen ausspreche, weil diese ein Problem für die Biodiversität in unserem Land darstellen würden". Und verweist auf die seit Jahren durch den STS erfolgreich durchgeführten Kastrationsaktionen an herrenlosen Katzen. Wie wenn nur herrenlose Miezen Vögel und Reptilien fressen und sich nach der Kastration stets brav von Mäusen ernähren würden.

Und die Moral von der Geschichte: Wie wir Jäger verfolgen auch die Schutzorganisationen ihre ureigenen Interessen. Mit anderen Worten: Wes Brot ich ess, des Lied ich zwitschere. Ist auch richtig so. Allein schon diese Erkenntnis sollte uns aber einander näher bringen, unabhängig von Menschenfreunden und Schmusekatzen, aber ganz zum Wohle unserer Lebensräume und Wildtiere.

Bären gesucht

Ein gutes Jahr ist es her, dass JJ3 im Bündnerland sein Leben aushauchte. Zu frech für die kleine Schweiz und zu verfressen auf Apfelkuchen war er. Nun steht er wunderschön präpariert im Naturhistorischen Museum in Chur und freut sich darüber, dass er von den vielen Besuchern zahlreiche Streicheleinheiten bekommt, als berühmtes Model ständig ungestört in blitzlichternde Digitalkameras lächeln darf und nicht mehr Tag für Tag Bienenstöcke plündern und Gummischrote auf sein Fell prasseln lassen muss. Unser radikaler Umgang mit JJ3 hat sich in der Bärenwelt offenbar herumgesprochen, denn seit seinem Umzug vom Albulatal nach Chur ins Museum ist es an der Bündner Bärenfront ruhig geworden. Kein Wunder, denn es ist nicht jedes Bärs Sache, von der freien Natur in die Stadt verfrachtet und dort für die neugierigen Zweibeiner ausgestellt zu werden.

Bärenruhig ist es auch 170 Kilometer Luftlinie westwärts von Chur geworden. Dort, wo eigentlich die Wiege der Schweizer Bären steht. Ja, die Stadt Bern gilt nach dem Ableben von Pedro, der vor kurzem im Alter von 28 Jahren wegen unheilbarer Arthrose eingeschläfert werden musste, als bärenfrei. Das ist in der 500-jährigen Bärengeschichte von Bern erst das vierte Mal der Fall gewesen. Schade für JJ3, dass er den Leckereien nicht widerstehen konnte, sonst wäre er nun bestimmt der Nachfolger von Pedro geworden. Und könnte Tausende von Touristen beglücken, auf dem Rücken liegend Rüebli auffangen, die ihm diese zuwerfen und, bei besonders guter Führung, vielleicht in den neuen Bärenpark zügeln, der im Herbst eröffnet werden soll. Oder JJ3 wäre wenigstens als Delikatesse auf dem Teller von ein paar Gourmets gelandet, obschon offiziell das Berner Bärenessen Mitte der Neunzigerjahre abgeschafft wurde.

Aber jetzt ist halt alles anders: Keine Bären, leerer Graben, keine Touristen. Vorbei die Zeiten, wo der Graben Stelldichein von Tausenden gewesen war, wo ihm Berühmtheiten wie Albert Einstein, Lenin und königliche Hoheiten aus aller Welt ihre Aufwartung gemacht und den herzigen Bärlis Karotten und Brot zugeworfen haben. Vorbei auch die Zeit, wo der Bärenwärter noch die zweitwichtigste Person in der Stadt gewesen ist und beim jährlich stattfindenden Bärenessen, nach dem Stadtpräsidenten, die besten Teile – die Tatzen und die Leber – zugeteilt bekam. Und vorbei auch die Möglichkeit für Nachtschwärmer und Risikofreudige, sich zwecks Ausnüchterung oder eines Adrenalinkicks im Bärengraben unter die Bären zu mischen, die zwar stets vegetarisch gehalten wurden, aber einem saftigen Stück Menschenfleisch nie entsagten. Mit dem Tod von Pedro verlor Bern deshalb seine Identifikation, die Berner ihr Heimatgefühl und Bern Tourismus Chinesen und Japaner, die auf ihrem Europatrip nur dank den Berner Bären einen Abstecher in die Schweiz machten.

Bärengraben in Bern anno 1880

Damit war Bern Tourismus extrem gefordert, wollte man nicht in Kürze den Laden dicht machen und menschenleere Hotels riskieren. Bärengraben taugliche Bären, die nach der Eröffnung des neuen Bärenparks im Oktober dorthin hätten umgesiedelt werden können, waren nicht aufzutreiben. Das hohe Anforderungsprofil konnten weder türkische Tanzbären noch profane Zoobären erfüllen. Die Idee, wilde Wölfe aus dem Wallis oder Luchse aus der Ostschweiz einzufangen, diese vorübergehend im Wolfs- oder Luchsgraben zu halten und nachher wieder auszuwildern, wurde verworfen. Man befürchtete, dass die später niemand mehr haben wollte. Dann aber die zündende Idee: Menschen mussten in den Graben hinunter. Nach 500 Jahren Bärengraben fünf Monate Menschengraben. Und die Touristen sind wieder da, wandeln mit Gänsehaut und etwas Kribbeln den Rücken hinunter durch die verlassenen Bärenverliese und lassen sich von den Obengebliebenen Schoggistängeli und Popcorn zuwerfen. Verkehrte Welt. Und bereits wird gemunkelt, dass sich unser Finanzminister Hansrudolf Merz anlässlich der Unterzeichnung des Doppelbesteuerungsabkommens mit Deutschland, gemäß spezieller Vertragsbedingung, unten im Bärengraben auf den Rücken legen muss und ihm sein deutscher Kollege Peer Steinbrück von oben den Kugelschreiber zuwerfen wird. Was einmal mehr zeigt, wozu wir Schweizer bereit sind, um unser bärenstarkes Bankgeheimnis zu retten. Das wäre dann der Medienevent dieses Sommers.

Wir Jäger als Störenfriede

In letzter Zeit häufen sich die Artikel, in denen wir Jäger als wesentlicher Störfaktor für unser Wild an den Pranger gestellt werden. So konnten wir von Bruno Hespeler hören, dass die Jäger indianergleich durch Dickungen und Einstände schleichen, um den dort friedlich vor sich hindösenden Platzbock in die ewigen Jagdgründe zu befördern. Begleitet natürlich von einem echo-gewaltigen Büchsenknall, der sämtliche Waldbewohner, von der Ameise bis zum Buntspecht, nachhaltig traumatisiert. Diese Störtheorie ist zwar etwas unrealistisch, weil manch einem Weidgenossen mit massivem Rundum-Speckbauch ganz einfach die aalglatte Winnetou-Figur fehlt, um sich risikolos in einen Jungwuchs hineinzuwagen, ohne dort langfristig sein Kurzwildbret zu deponieren.

Trotzdem wird sie liebevoll gehegt und weitergepflegt. So schrieb Wildbiologe Daniel Rüegg kürzlich in der Zeitschrift *Jagd&Natur*: „Objektiv gesehen verursachen wir (Jäger) für das Wild die ge-

Hat dieser Büffel die beiden Löwen auch als Störenfriede empfunden?

fährlichste, nämlich tödliche Störung", und empfiehlt deshalb Bewegungsjagden als wildfreundlichste, und damit wohl auch als am „wenigsten tödliche" Störung. Klar ist deshalb seit dieser epochalen Aussage, dass wir Jäger für unser Wild in Sachen Störungen eigentlich nicht mehr tragbar sind. Als altem Jäger, der auch schon mal über Nahrungsketten und Räuber-/Beutebeziehungen etwas gehört hat, bleibt einem da glatt der zweitletzte Bissen im Äser stecken. Und er fragt sich, wie das denn mit dem Murmeltier ist, das vom Adler geschlagen wird oder mit dem Reh, dem der Luchs an der Drossel hängt oder dem wildernden Hund oder dem Straßenverkehr? Das sind doch alles auch tödliche Störungen. Oder ist der Pfiff des Murmeltiers eher als freudige Begrüßung des Adlers denn als ängstliches Warn-/Störsignal zu werten? Und was ist mit all den von Autos überfahrenen oder von Hunden gerissenen Kreaturen, die stets recht gestört und nicht gerade glücklich und „relaxt" aussehen, wenn wir sie auflesen? Also gibt es offenbar neben uns Jägern auch noch andere tödliche Störenfriede, ganz abgesehen von all den übrigen massiven, nicht direkt tödlichen Störungen für unsere Wildtiere, mit denen diese heutzutage leben müssen.

Trotzdem, gegen einen Mega-Modetrend zu schwimmen ist nutzlos. Wir Jäger stören tödlich, basta! Gegenstrategien sind deshalb gefragt. Dazu bietet sich einmal die Wanderer-Strategie an. Der eine oder andere aus meinem jagdlichen Umfeld wendet sie bereits mit großem Erfolg an. Die grünen Klamotten wurden verbrannt, Wanderschuhe, rote Socken und Kniebundhosen gekauft und die ganze Waffensammlung in eine Take-Down-Repetierbüchse umgetauscht, die beim Pirschgang, Entschuldigung, beim Anti-Stör-Walking, hervorragende Dienste leistet. Diese (Jagd-)Kollegen wandern dann die Feld- und Waldwege auf und ab, lauthals „das Wandern ist des Müllers Lust" singend, und packen ihre Take-Down erst dann aus, wenn sie hautnah auf das Wild aufgewandert sind. Die Erlebnisbilder zeigen es: Ob Reh, Sau oder Fuchs, alle zeigen beim Streckelegen ein friedliches und störungsfreies Lächeln auf ihren Molaren. Doch ehrlich, bei der Abgabe des tödlichen Schusses aus nächster Nähe in Bambilichter schauen zu müssen, ist nicht jedermanns Sache. Humaneres muss her! Und da gibt es eigentlich nur zwei praxisnahe

Lösungen für eine störungsfreie Jagd: Entweder schaffen wir Jäger selbst die Jagd definitiv ab oder es gelingt uns nachhaltig, unsere jagdliche Stör-Aura feinstofflich so umzuwandeln, dass wir fortan von unserem Wild nicht mehr als gefährlichste, weil tödliche Störung wahrgenommen werden, sondern als wahre Heilsbringer. Für beides, Jagdabschaffung und Heilsbringer, drängt sich eine Zusammenarbeit mit den Jagdabschaffern und angeblichen Sektenbrüdern Peter Suter und Christian Peter förmlich auf. *Jagd&Natur* könnte dabei ihre guten Dienste als Seminarveranstalterin anbieten. Natürlich, der Weg zum Ziel wird noch lang, steinig und hart sein. Referenden gegen unsere Initiativen sind zu erwarten, denn woher kommt nach der Abschaffung der Jagd der Pachtzins, den wir jedes Jahr pünktlich abliefern? Aber der Weg ist das Ziel und wir Jäger und vor allem die Wildtiere – diese ertragen ja tödliche Störungen nun schon seit einigen hunderttausend Jahren – sind bestimmt geduldig genug, um noch einige Zeit damit leben zu können.

Von Schamanen und Jägern

Schamanen und Jäger sind archaische Wesen und haben vieles gemeinsam. So gibt es beide schon seit Urzeiten, sie leben in und mit der Natur und sie pflegen Rituale, setzen sich gerne ans Feuer, treten oftmals in bunter Bemalung auf – die heutigen Jäger in tarnfarbigen Klamotten – bringen Opfergaben an Geister und Diana dar und fallen in Trance, die Schamanen bei Tanz und Trommelwirbel, die Jäger beim Anblick des gerade erlegten Lebenskeilers. Und trotzdem klaffen sie in der Wahrnehmung des aufgeklärten Menschen des 21. Jahrhunderts weit auseinander. Während der Schamanismus beachtlichen Zulauf hat, insbesondere von weiblichen Mitmenschen, und auch in unseren Breitengraden Neo-Schamaninnen wie Pilze nach einem warmen Sommerregen aus dem Boden schießen, bleibt der Nachwuchs bei den Jägern, besonders der weibliche, eher auf bescheidenem Niveau. Will heißen: Schamanismus ist in, jagen ist eher out.

Ein Anruf: Ein Polizeibeamter teilt mir mit, dass auf der Straße beim Weiler B. ein Hirsch überfahren wurde. Die Unfallverursacherin sei vor Ort und der Hirsch lebe noch. Der Fall könnte schwierig werden. Mehr war aus dem Anrufer nicht herauszubringen. Vor Ort fand ich eine am Boden kauernde Frau vor, herzerweichend schluchzend und einen Rehbock streichelnd, der Haupt und Träger noch hoch hielt. Das Bambi sei ihr direkt vor das Auto gelaufen und jetzt müsse es sofort in ein Tierspital eingeliefert werden. Sie habe bei der Polizei bereits die Tiersanität bestellt. Der Beklagenswerten klar zu machen, dass der Rehbock mit seiner gebrochenen Wirbelsäule keine Sanität, sondern möglichst rasch eine erlösende Kugel brauche, war zwecklos. Doch, der müsse zum Arzt, meinte sie, anschließend würde sie ihn in ihrem Garten bis zur Genesung pflegen. Auf meine etwas provokante Frage, ob sie denn auch einen Rollstuhl für den Querschnittgelähmten habe, meinte sie, nein, den besitze sie nicht, aber im Schuppen stehe noch der Rollator der Großmutter. Ein Jäger war hier offenbar nicht gefragt.

Szenenwechsel: Die Zeitschrift *animan* brachte in ihrer Februarausgabe 2016 einen wunderschön bebilderten Beitrag über die Aufnahme einer jungen Frau in den Kreis der Schamanen. Dafür hatte der Journalist und Fotograf aus Europa ein kleines, nepalesisches Bergdorf besucht. Schon am ersten Tag „fliegt" neben dem Fremden, während dieser in einer Prozession mitgeht, „der Kopf eines Schafbockes mit einem Blutstrahl vorbei". Nicht ohne dabei Kleider, Hände und Fotoapparat mit Blut zu bespritzen. Das sei ein gutes Vorzeichen, verkünden die Alten. Aber es kommt noch besser. Nach drei Tagen rituellen Wahnsinns, so der Berichterstatter, erreicht die Inthronisation ihren Höhepunkt. Ein Schafbock wird geopfert, das noch pulsierende Herz aus seinem Leib gerissen und dieses der jungen Frau in den Mund gesteckt. Diese muss mit verbundenen Augen einen Baum hochklettern und Fragen aus dem Publikum beantworten, bis ihr ihre Patin das Tuch vom Kopfe reißt. Eine neue Schamanin ist geboren! Man stelle sich vor: Zum Abschluss ihrer Prüfung zur Jägerin müssen die Kandidatinnen, mit dem Herzen eines frisch erlegten Rehbockes zwischen den Zähnen und einem blutverschmierten Fang, eine Borkenkäfer geschädigte Tanne hochklettern und die letzten Prüfungsfragen beantworten! Die Aufmerksamkeit der Boulevard-Medien wäre ihnen gewiss.

Was ist die Quintessenz dieser Geschichte? Schamanismus und Jägerei sind sich doch nicht so nahe, wie es auf den ersten Blick erscheinen mag. Und: Manche Menschen der postindustriellen, westlichen Welt fühlen sich hingezogen zu den Riten archaischer Völker und deren Lebensweise. Sie besuchen deshalb landauf, landab Kurse, um Zugang zu Weisheit, höheren Welten sowie Geistwesen zu erlangen und lassen sich selber zu Schamaninnen und Schamanen ausbilden. Um dann ihrerseits für ein paar Hunderter die nach Schamanismus Süchtigen um ein Holzfeuer herumhüpfen zu lassen. Gleichzeitig aber sind sie der Natur so weit entrückt wie der Mars von der Erde. Sie wissen zwar gerade noch, dass das ausgezeichnet schmeckende Rindsfilet in ihrem Mund in der Pampa Uruguays herangewachsen ist und dass die Milch nicht aus Grundwasser gewonnen wird. Aber einem archaischen Jäger zu begegnen, der zudem noch ein verletztes und wehrloses Bambi umbringen will, das ist des Guten dann doch zu viel.

Kein Recht auf Beute

Wer sich in der Ausgabe 6/2006 der Jagdzeitschrift *Jagd&Natur* den Bericht über die Präsidentenkonferenz von JagdSchweiz zu Gemüte führte, konnte nicht nur Interessantes, sondern auch Spannendes und Außergewöhnliches erfahren. Da wurde Sekretär Marco Giacometti für seine hervorragende Arbeit zum Steinbock-Jubiläum geehrt und man durfte zur Kenntnis nehmen, dass wir Jäger jedes Jahr rund 25 Millionen Franken an Patentgebühren und Pachtzinsen an die Staatskasse abliefern. Und zusätzlich für Waffen, Munition, grüne Klamotten sowie weitere nützliche Dinge, welche unser Jägerleben erleichtern, noch 100 Millionen in den Wirtschaftskreislauf pumpen. Im Weiteren erfuhr der geneigte Leser, dass sich JagdSchweiz-Präsident Jon Peider Lemm mit einem doppelten Salto vorwärts – zwar in kleinen Schritten nur, aber immerhin – nun plötzlich auch für einen Einheitsverband aussprach. Wunder gibt es also nicht nur in Lourdes, sondern auch im kleinen Reich der Jäger. Und als ob das für die Delegierten nicht schon genug der Sensationen gewesen wäre, trat Reinhard Schnidrig, der neue Biodiversitätsmanager des Bundes – früher „eidgenössischer Jagdinspektor" genannt – vor das erlauchte Publikum, outete sich als „Jäger mit Leib und Seele" und sprach: „Es gibt nur das Recht auf Jagd, nicht aber das Recht auf Beute." Päng!

Da ich weder persönlich noch als Wanze an diesem Anlass anwesend war, kann ich auch nicht berichten, wie sich die Reaktion der Anwesenden ausdrückte. Schrien sie vor Empörung, hüstelten sie verlegen oder gab es sogar lauten Beifall? Mich jedenfalls warf es beim Lesen der Zeilen, ich war gerade beutemachenderweise unterwegs, fast vom Hochsitz hinunter. Kein Recht auf Beute! Da wird doch definiert, dass Jagd die Nutzung des erworbenen Rechts sei, einem freilebenden Tier nachzustellen und dieses, den jeweils gesetzlichen Bestimmungen gemäß, zu erbeuten. Und nun soll das plötzlich nicht mehr gelten beziehungsweise es soll in den Hintergrund treten, denn wir „Jäger sollten uns weniger als Jäger, denn als Advokaten des

Wildes darstellen". Das ist doch ein dreifacher Salto rückwärts ins auslaufende 20. Jahrhundert, in eine Zeit, wo Heger und Pfleger noch Hochkonjunktur hatten, wo wir den andächtig lauschenden „Zivilisten" schilderten, wie wir die kranken und einsamen Tiere von ihren Leiden erlösen, ja sie sogar noch gegen Tollwut impfen würden, damit ja keines der armen Geschöpfe an dieser grausamen Seuche zugrunde gehen müsse. In eine Zeit also, in der wir bei nicht-jagdlichem Besuch noch rasch die Trophäenwand räumten und anstelle der Knochen einen Picasso-Verschnitt an die Tapeten hängten. Und jetzt, nach einigen gegen die Jagdgegner gewonnenen Schlachten, die uns nicht nur geeint, sondern auch selbstbewusster gemacht haben, nach den Kampagnen von RevierJagd Schweiz, bei denen nicht nur der Schutz-, sondern auch der Nutzungsgedanke im Vordergrund standen und wir uns auch wieder als Wild-Gourmet ausgeben durften, ohne gleich als Bambimörder verschrien zu werden, jetzt, gerade jetzt kommt unser höchster Jagdverwalter und sagt, dass wir wohl ein Recht zum Jagen, aber kein Recht auf Beute hätten. Da fragt sich natürlich der einfache Weidmann, ob diese neue Rechtsprechung auch für die anderen Beutegreifer gilt, für Luchs, Wolf und Adler. Dürfen die jetzt auch keine Beute mehr machen, mutieren die jetzt wie wir Jäger zu jagdlichen Eunuchen? Etwas pirschen, etwas ansitzen, etwas jagdfiebern, aber der finale Zugriff bleibt verwehrt. Wolf, Bär und wir Jäger künftig einträchtig zusammen unterwegs, mit der Botanisierbüchse bewaffnet und Alpenkräuter für das Nachtessen sammelnd. Hat sich Reinhard Schnidrig auch bei Reh, Hirsch und Gämse erkundigt, ob sie mit dieser neuen Auslegung des Jagdbegriffes ebenfalls einverstanden sind? Ich könnte mir vorstellen, dass es für diese in Zukunft todlangweilig wird. Und: An Altersschwäche einzugehen und dann von Ameisen, Fliegenmaden und anderem Getier reduziert zu werden, ist bestimmt nicht jedes Wildtieres Sache.

Wir alle hätten deshalb wieder gerne keine Garantie, aber ein Recht auf Beute. Hoffentlich erhört uns Reinhard Schnidrig, bevor Luchs und Co. die Fangzähne ausfallen und wir Jäger die Flinte an die Wand hängen und aktiv beim WWF mitmachen, wo wir ja eh schon Mitglied sind.

Handy-Virus

Nun hat der Handy-Virus, zeitgleich zum Jahrtausendwechsel, auch bei uns Jägern definitiv zugeschlagen. Kaum ein Aserfeuer, an dem nicht mindestens einmal aus einer Jägerjoppe das berühmt berüchtigte Piepsen kommt oder ein Jagdkamerad sich in die nahen Büsche schlägt. Nicht um dort ein tiefmenschliches Bedürfnis zu befriedigen, sondern um mit der großen weiten Welt zu kommunizieren. Und dann kehren diese Kommunikatoren, meist mit ernster Business-Miene, in den Kreis der Kameraden zurück, grad so, als ob sie eben Microsoft-Chef Bill Gates seine Firma abgekauft hätten. Selbst bei einem altgedienten Jägerpräsidenten, der sonst mit moderner Technik gar nichts am Hut hat, klingelte es vor kurzem während der Jahresversammlung plötzlich aus der Hosentasche. Leider nicht gerade dann, als die Jagdhörner die verdienten Jagdaufseher verbliesen, sondern als der volle Saal gebannt seinen Worten zum Jahresbericht lauschte. Dass der Arme, von heftigen Adrenalinschüben geplagt, den richtigen Knopf nicht fand, um sein Handy zum Schweigen zu bringen, sei vermerkt und wird bestimmt ins Protokoll eingehen.

Auch im jagdlichen Blätterwald folgen in immer kürzeren Abschnitten die Pro-Handy-Artikel, in denen rührige Jagdkollegen, meist aus den Patentkantonen, die Vorzüge des mobilen Telefons für uns Jäger propagieren. Kein Wunder, sehen sich die Bergler doch mit altmodischen Gesetzen aus dem letzten Jahrtausend konfrontiert, die ihnen partout kein Handy auf der Jagd erlauben wollen. Bei uns Revierjägern gilt dagegen das „Laissez-faire" und es wundert sich höchstens der Rehbock beim abendlichen Austritt ob des Gepiepses aus Richtung Hochsitz. Tatsächlich scheint das Handy den jagdlichen Meinungsgraben zwischen Patent- und Revierkantonen wieder aufzureißen, da sich unsere Patentjagdfreunde in ihren Menschenrechten massiv benachteiligt fühlen. Doch sie geben sich noch lange nicht geschlagen und sind um positive Argumente nicht verlegen. So hat kürzlich ein Walliser Jagdkollege in der zweitgrößten Jagd-

Sind die Jäger noch mit ihrem Handy beschäftigt?

zeitschrift unseres Landes argumentiert, dass dank diesem modernen Kommunikationsgerät seinem Besitzer auf seinen gefährlichen Pirschgängen ein langes Leben garantiert werde und nicht zuletzt die Familienbande durch stündliches Anrufen bei seiner über alles geliebten Jägerfrau stark gefestigt würden. Dem ist bestimmt nichts entgegenzuhalten, denn manch wackerer Jägersmann konnte sich im Vorhandyzeitalter noch leicht aus der Schlinge ziehen, wenn er, spät nachts heimkommend, eine langatmige Geschichte, voll gespickt mit Jägerlatein, auftischte, um ja keinen Verdacht aufkommen zu lassen, dass er anstatt auf der Jagd in froher Jassrunde oder gar im Freudenhaus seinen Abend verbracht hatte. Und auch die Jägerpräsidenten, die nun wieder landauf, landab an den Jahresversammlungen den massiven Jägerschwund wehklagen, werden frohlocken, weil mit Hilfe der Technik das Aussterben der Spezies Jäger wenn nicht verhindert wird, so doch in weite Ferne rückt. Sogar WWF Schweiz wird glücklich darüber sein, dass er beim Bundesamt für Umwelt keinen Antrag um Aufnahme von uns Jägern in die Rote Liste der bedrohten Arten stellen muss. Denn wie ließen sich Spendengelder für Luchs Turo sammeln, wenn der letzte Jäger nur noch im Heimatmuseum zu sehen wäre.

So sind nun alle total handyglücklich: Die Jäger, weil sie wieder ohne Angst echte Abenteuer eingehen können. Denn der Rettungshelikopter ist ja immer Handy-nah. Aber auch die Jägerfrauen, weil sie ihren Jägersmann stets im Handyzugriff haben. Und nicht zuletzt der WWF, weil dieser weiterhin am Jägerast sägen kann. Sogar ich als ewig gestriger Handygegner profitiere noch vom Handyvirus. Gerade habe ich von Schweiz Tourismus das Angebot erhalten, mich vor Jungfrau, Mönch und Eiger als letzten handylosen Zeitgenossen und echtes Fossil aus der Vorhandyära wissensdurstigen Touristen aus Japan zu präsentieren, die auf der Suche nach den Wurzeln des Volkes der Hirten und Banker in die Schweiz gekommen sind. Ob mich Luchs Turo auch einmal besuchen kommt? Schön wär's!

Leise rieselt der Schnee

Manch wackerer Jägersmann wird an Weihnachten – nach dem Anstimmen von „Stille Nacht" und „Ihr Kinderlein kommet" – mit leuchtenden Augen sein ganz besonderes Päckli auspacken. Darin die ultimative Hightech-Erfindung des 21. Jahrhunderts, die unser Jägerleben fundamental verändern wird: das Zielfernrohr der neuesten Generation. Eine Kombination aus Zielhilfe, Distanzmesser und Ultra-long-range-quick-klick-Einstellung. Also ein Gerät, das jede Büchse, sei sie mit einem Oldie-Kaliber wie der 8x57 oder einer Super Magnum bestückt, zur treffsicheren Waffe bis 500 Meter macht. Seit Fachjournalisten in den letzten Monaten über ihre orgastischen Erlebnisse beim Distanzschießen jenseits der bisherigen Schallgrenzen berichteten, brodelt es in Jägerkreisen. Einige wenige Ewiggestrige quasseln etwas von Weidgerechtigkeit, die vor die Hunde geht, von der Unmöglichkeit, auf 300 und mehr Meter noch einen Elefanten, geschweige denn ein Reh zu treffen sowie von Schützen- und Waffenstreuung, die das Geschoss auf solche Distanzen irgendwohin, aber nur nicht ins anvisierte Ziel lenken werden. Alles Mumpitz! So kann doch nur jemand reden, der schon beim Gedanken an den anwechselnden Rehbock vom Jagdfieber durchgeschüttelt wird oder derart vom Zipperlein befallen ist, dass er seinen gichtgeplagten Zeigefinger nur noch ruckartig krümmen kann und somit gemäß der bildhaften Sprache unserer Kids eindeutig der Spezies der „Komposti" zuzurechnen ist. Kommt hinzu, dass im Zeitalter von „Zahl vor Wahl", künstlichen Monden über der Sauenkirrung sowie SureFire-Weitstrahl-Lampen und Infrarot-Geräten das Wort Weidgerechtigkeit eh nur noch dazu dient, die Zuhörer in der Jungjägerausbildung zum Gähnen zu bringen.

Deshalb hat die progressive Mehrheit unter uns Jägern den Werbehype von ZEISS sofort dankbar aufgenommen und das siegreiche, alle Distanzen überwindende VICTORY Diarange auf den weihnächtlichen Wunschzettel montiert. Und so funktioniert dieses gemäß Inserat: „Messtaste drücken: 387 m. Also näher ran. Wieder eine Messung: 264 m. Absehen-Schnellverstellung auf 2.5 drehen, Fleck halten und fliegen lassen." Bleibt nur noch zu hoffen, dass die Gams dem Schützen den Gefallen tut und ihm gleich vor die Füße kullert. Denn sonst müsste er noch „näher ran"!

Vorbei also die Zeiten, wo man das Wild anpirschen und diesem in die Lichter schauen musste und wo die Bündner Jäger mit ihrem gemächlich fliegenden Flabgeschoss auf 150 Meter eine Handbreit höher hielten. Klick, klick und schon fliegt die Kugel auf 200 Meter Fleck. Klick, klick, klick und die Hirschkuh rollt aus dem Gegenhang zu Tal. Das eröffnet uns natürlich ganz neue jagdliche Perspektiven. Endlich können wir effizient und zielführend jagen. Vorbei die Gemeinschaftsjagden, bei denen nach Ende der Jagd zwei Dutzend Jäger und Treiber barhäuptig um ein Füchslein stehen und andächtig den Signalen „Fuchs tot" und „Jagd vorbei" lauschen. Denn mit unseren Weitestschuss-Gewehren werden wir bereits nach drei, vier Ansitzjagden das Plansoll erfüllt haben.

Und hier gleich das erfolgversprechende Rezept: Ein halbes Dutzend Hochsitze im Zentrum von ebenso vielen „Schweizerkreuz-Schneisen" mit 400 Metern Seitenlänge postieren. Damit decken wir gut 300 Hektar Wald ab. Auf den Kanzeln einen Drehturm zum Befestigen des Gewehrs einrichten, die Schneisen mit Anis, Mais und Hühnerköpfen bestreuen, und schon kann die Jagd beginnen. Selbstverständlich brauchen wir auf der geheizten Kanzel noch einen Wireless–LAN-Anschluss, um unsere Abschüsse sofort im zentralen Computer der Jagdbehörde verbuchen und gleichzeitig die aktuellsten Börsenkurse hereinziehen sowie das gerade laufende Match von Roger Federer verfolgen zu können. Dazu ein Handy, um beim Einnachten den Metzger aufzubieten, der dann mit seinem Quad die Schneisen abfahren und mit Hilfe seines GPS auf den angegebenen Koordinaten die Kreaturen zusammenlesen wird. Und noch etwas Gutes hat das Ganze: Dem VICTORY Diarange sei Dank, müssen wir in Zukunft nicht mehr mit ansehen, wie das Leben aus dem noch leicht zuckenden Körper entweicht und wie sich die Bambiaugen eintrüben. Denn sollten wir uns doch einmal aufraffen, um kurz vorbeizuschauen, ob Geiß oder Bock liegt, wird nach 300 zurückgelegten Metern alles Sterben vorbei sein. Stille herrscht, nur leise rieselt der Schnee.

Von Trophäen und Legaten

Wer als passionierter Jäger durch Wald und Flur streift, wird früher oder später auch zum Sammler. Denn kaum einer von uns wird es übers Herz bringen, das Geweih des erlegten Rehbockes oder die Krucken der alten Gamsgeiß schnöde im Mülleimer zu entsorgen. Und so wird unsere Trophäenwand im Laufe der Jahre immer größer und vielfältiger, oftmals sehr zum Leidwesen unserer Partnerin, die in solchen Knochen-, Federn- und Fellsammlungen primär unnötige Staubfänger und Spinnenbiotope sieht, die zudem noch von mehr oder weniger langen Absenzen ihres Liebsten zeugen. Da hängt also der Spießer, den wir nach bestandener Jagdprüfung mit vor Jagdfieber bebenden Händen erlegt hatten, neben dem braven Erntebock und dem Gebrech eines Frischlings, dem noch

Trophäenwand oder Knochensammlung? Am Ende eines Jägerlebens oftmals Sperrmüll!

ein paar Maiskörner zwischen den Milchzähnen stecken, an denen er gerade am Kauen war, als ihn die Kugel an der Kirrung traf. Und über all den Erinnerungen aus 40, 50 oder gar 60 Jahren Jägerleben hängt der kapitale Hirsch aus Ungarn, den man sich zum runden Geburtstag geleistet hatte. Zwar hing der Haussegen anschließend einige Zeit massiv schief in der Landschaft, da in jenem Jahr die Kids zwecks Einhaltung des Investitionsbudgets für einmal mit den alten Latten ins Skilager mussten. Doch der Trophäe und der Erinnerung tat dies keinen Abbruch.

Es gibt aber auch Jäger und Sammler unter uns, deren Trophäenwand zum Jagdzimmer und das Jagdzimmer zum Jagdhaus wurden, wo neben all den einheimischen Hörnern und Geweihen noch Elche aus Alaska, Bärenfelle aus Kamtschatka und Antilopen aus Afrika hängen. Oder, wie ich dies kürzlich bei einem Sammler gesehen hatte, der Schädel samt Decke eines imposanten Mähnenlöwen aus Südafrika, der vom Präparator so meisterlich hergerichtet wurde – ein feines Lächeln umspielte die stummeligen Fangzähne und die Lefzen –, dass man sich bildlich vorstellen konnte, wie der altersschwache König der Tiere vor einer extra großen Portion feinstem Senioren-Katzenfutter stand, als ihm die .470 Nitro Express das Fell durchbohrte.

Doch irgendwann kommt dann einmal der Moment, wo auch wir Jäger in die ewigen Jagdgründe hinüberwechseln und all die Erinnerungen samt Trophäenwand zurücklassen müssen. Wer jetzt nicht zu Lebzeiten mit einem Legat an die Dorfschule vorgesorgt hat, wird aus dem jagdlichen Paradies Schreckliches mit ansehen müssen. So wie unsere drei Weidgenossen, deren mehr oder weniger unglückliche Witwen voriges Jahr vergeblich an die Eingangspforte des Jagdschlosses Landshut angeklopft hatten. Man stelle sich die Tragödie vor: Da schleppen die Hinterbliebenen Wäschekörbe voll erinnerungsschwangerer Knochen und Felle zum Schloss, haben diese vorher noch fein säuberlich entstaubt und entmottet, und werden abgewiesen. Kein Bedarf, kein Platz und überhaupt. Und so werden all die Erinnerungsstücke eines ganzen Jägerlebens das letzte Mal zur Strecke gelegt und wandern in die Kehrichtverbrennung. Wer diesen posthumen Ärger nicht erleben will, muss rechtzeitig vorsorgen.

Ich denke da beispielsweise an ein Legat an unseren Jagdverband. Weshalb nur immer Greenpeace, den WWF oder Pro Natura testamentarisch beglücken? Unser Jagdverband sucht neue und innovative Geschäftsfelder, mit denen er an den Puls der urbanen Bevölkerung gelangen und diese jagdlich infiltrieren kann. Warum also nicht in den Secondhand-Markt für Trophäen einsteigen und in den Städten Trophy-Shops eröffnen? Amulette mit Frischlingszähnen, mit Diamanten besetzte Fuchshaken als Fingerringe, Mokassins aus Hirschleder und Tipi-Zelte aus Bärenfell könnten bestimmt hervorragend abgesetzt werden. Dass damit auch noch Geld verdient werden kann, zeigt eine Boutique in Zürich, die in ihrem Schaufenster einen in Dispersionsweiß getauchten Gabler für 80 Franken anbietet. Das mag zwar manches Jägerherz fast zum Bersten bringen, doch lieber ein weißer Gabler oder eine Löwenfelldecke für den Rehpinscher als jagdlicher Feinstaub in der Filteranlage einer Kehrichtverbrennung.

Patentjäger sind erfolgreicher

Jetzt ist offiziell, was Insider der jagdlichen Szene schon seit längerem ahnten: Patentjäger sind erfolgreicher als Revierjäger. Genauer, die Patentjäger der Westschweiz haben die Wildsauen relativ gut im Griff, im Gegensatz zu ihren Revierjagdkollegen nördlich der A1. Diese klare Aussage stammt nicht etwa von einem jagdlich hochmotivierten Oberländer Patentjäger, dessen Meinung über die schlappen Unterländer in Granit gemeißelt ist. Nein, unser oberster Chef Reinhard Schnidrig, Herr über Patent- und Revierjäger, hat dies Ende Januar 2011 in einem Interview mit dem Schweizer Fernsehen im Zusammenhang mit einem Film über Berliner Wildschweine von sich gegeben. Und er hat recht. Da hilft kein Grunzen und Klagen, umso mehr, als Schnidrigs Aussage mit schussfesten Statistiken untermauert werden kann: Während die Entwicklung der Schwarzwildschäden pro erlegter Sau in den Patentkantonen seit 2002 eher

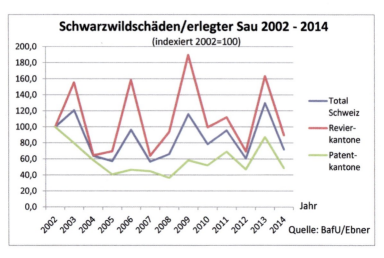

Die Patentjäger haben bei den Schwarzwildschäden die Nase vorn.

rückläufig und recht stabil ist, verläuft diese in den Revierkantonen nicht nur sehr eratisch, sondern ist tendenziell sogar leicht angestiegen. Das ist bestimmt kein sehr positiver Werbespot für das Revierjagdsystem.

Jetzt könnten wir Revierjäger uns mit weidwundem Ego schmollend in unsere Reviere zurückziehen, behaupten, die Landwirte in den Patentkantonen seien halt zurückhaltender bei der Geltendmachung von Schäden oder deren Wiesen und Äcker für die Sauen weniger fett als die unsrigen. Oder wieder einmal Winston Churchill zitieren, der gesagt haben soll, man solle nur jenen Statistiken trauen, die man selbst gefälscht habe. Damit würden wir aber die falsche Fährte aufnehmen. Gehen wir in die Offensive und zeigen den Patentjägern, wo die größten Strecken gelegt, die wägsten Weidmänner und -frauen pirschen und Diana mit besonderer Hingabe ihr Weidmannsheil verteilt. Dazu ein paar Thesen und Empfehlungen.

These 1: Auch ein kalter Arsch ist immer noch eine Sitzgelegenheit. Wenn einem bei minus 15 Grad die Bise den Atem im Barte gefrieren lässt, dann ist dem Patentjäger sein mit Murmeltierfett eingeriebener Hintern immer noch wohlig warm, während der unsrige bereits die ersten Frostbeulen zeigt und wir subito die warme Stube aufsuchen müssen. Das zeugt natürlich nicht von natürlicher Härte. Hier hilft nur ein mehrwöchiges Training mit Eisbeuteln auf dem Bürostuhl.

These 2: Was du heute nicht schießt, frisst morgen der Wolf. Oder ein anderer Jäger. Wenn die Jagd aufgeht, dann sind die Patentjäger voll im Saft und der Puls auf 150. Was gesetzlich erlaubt ist, wird erlegt. Wir Revierjäger aber hören vor dem ersten Jagdtag zuerst einmal den Wetterbericht. Ist Regen angesagt, ziehen wir das warme Bett dem nassen Pirschgang vor. Denn morgen und übermorgen ist auch noch ein Jagdtag. Und Konkurrenz haben wir keine. Also, Wölfe im Mittelland aussetzen oder Patentjäger auswildern.

These 3: Lieber den Spatz in der Tiefkühltruhe als die Taube an der Trophäenwand. Taucht vor einem Patentjäger eine Rotte Sauen auf, dann legt er den ersten Frischling auf die Schwarte. Und wenn's reicht, auch noch einen zweiten und dritten. Denn das ist alles bestes Wildfleisch, das die leere Tiefkühltruhe füllt und damit die nächste

Notzeit überstehen hilft. Wir aber denken in Trophäen: Jetzt ist doch gerade Rauschzeit und 30 Meter hinter der Rotte kommt bestimmt der Urian. Der kommt aber nicht. Deshalb bleiben die Wildschäden hoch und die Gefriertruhe leer. Also, das nächste Mal auf die Frischlinge halten und das kapitale Gewaff aus einem Nachlassinserat in unserer Jagdzeitschrift kaufen.

Folgen Sie meinen Empfehlungen und Sie werden sehen: In wenigen Jahren wird Reinhard Schnidrig einen 180-Grad-Salto drehen und uns Revierjäger als wildschadenminimierendes Vorbild loben. Und unsere Patentjägerfreunde werden sich fragen, weshalb die verstädterten Revierler so plötzlich jagdliche Urinstinkte freimachen konnten.

Jagdliche Berghilfe

Unsere Bergkantone, vom Wallis bis ins Bündnerland, hatten es in letzter Zeit recht schwer. Die Annahme der Zweitwohnungsinitiative, der Preiszerfall beim Strom aus Wasserkraft, die gefräßigen, vierbeinigen und Schafherden dezimierenden Zuwanderer aus dem Süden, der vielerorts fehlende Schnee im vergangenen Winter und kürzlich noch die Initiative zur Abschaffung der Pauschalbesteuerung, die ihnen die Unterländer unterjubeln wollten, sind nur ein paar Beispiele, die das Nervenkostüm unserer Alpenbewohner arg strapaziert haben. Zwar konnten sie den letzten Angriff erfolgreich abwehren, doch das Vertrauen der russischen Oligarchen in die Tiefsteuerinseln Graubünden & Co. ist erschüttert und es droht trotz Steuergeschenken der große Exodus ins Ausland. Was dann noch bleibt, sind leere Appartements und Villen in bester Lage, überall herumliegende Kadaver von gerissenen Schafen und stillstehende Bergbahnen. Keine Lockmittel für Idylle suchende Touristen.

Jetzt wird es also höchste Zeit, nach neuen, kreativen und nachhaltigen Lösungen zu suchen, damit unsere Bergkantone und ihre Bevölkerung nicht von der Landkarte verschwinden. Zurück zu den Wurzeln ist angesagt, sich auf das Wesentliche und das Althergebrachte besinnen und jenes Kapital zu Geld machen, das schon immer die hehre Bergwelt ausmachte und belebte: Wildtiere und Jagd. Es muss ja nicht gleich eine Safari auf die „Big Three" der Schweiz (Bär, Wolf, Luchs) sein. Denn bis diese im Paket an Jagdgäste aus dem nahen und fernen Ausland angeboten werden können, wird im Bündnerland noch manche Flasche Calanda-Bräu durstige Kehlen hinunterfließen. Nein, starten wir doch das Projekt einfacher, dafür umso nachhaltiger. Stichworte dazu sind: Steinwildabschüsse durch Unterländer, Rotwildtransfer ins Mittelland und Munggenfett-(Murmeltierfett-)Therapien.

Es ist kein Geheimnis, dass es Schweizer Jäger gibt, die ohne weiteres bereit sind, 15.000 oder gar 20.000 Franken für den Abschuss eines braven Steinbockes in Österreich zu bezahlen. Das würden sie bestimmt auch für das Erlegen von Gian und Giachen, den beiden Bündner Werbeträgern, auf den Tisch legen. Selbstverständlich sind bei den 500 Stück Steinwild, die jedes Jahr im Kanton Graubünden zur Strecke kommen, auch Geißen und junge Böcke dabei, für die vielleicht nur 2.000 oder 3.000 Franken bezahlt würden. Aber immerhin: Die kalten Betten in den verlassenen Chalets würden durch Unterländer Jäger aufgewärmt und erst noch zahlreiche Arbeitsplätze geschaffen.

Jedes Jahr braucht es im Kanton Graubünden eine Rotwildsonderjagd, auf der jene über tausend Kühe, Kälber und Geweihträger erlegt werden, die sich während der ordentlichen Jagd im September dem Blei erfolgreich entzogen haben. Diese Jagd kommt, obschon zur Bestandesregulierung notwendig, je länger je mehr unter Beschuss. Weshalb also nicht Entwicklungshilfe für das Mittelland leisten und anstelle einer Nachjagd jedes Jahr die tausend Tiere einfangen und per Lastwagen in den Thurgau, nach Zürich, in den Aargau usw. karren, um sie dort wieder auszusetzen? Natürlich nicht gratis, sondern gegen gutes Entgelt. Eine solche Lösung wäre nicht nur aus Tierschutzsicht sinnvoll – im Unterland ist das Rotwild vor Wölfen sicher – sondern auch ökologisch. Könnten doch dieselben Lastwagen, welche Rinder auf die Alpen führen, auf ihrer Rückfahrt das Rotwild transportieren.

Finanziell am meisten einbringen würden aber wohl unsere Murmeltiere als Lieferanten des Original Alpenländischen Murmeltierfettes. Denn auf Grund neuerer Forschungen ist erwiesen, dass Murmeltiersalbe nicht nur den Haarwuchs fördert und die Schmerzen von Arthrose geplagten Knochen erfolgreich lindert, sondern nach einer vierwöchigen Intensivtherapie unser Hirn wieder auf Vordermann bringt und dieses veranlasst, mehr für uns selbst als für andere zu denken. Stellen Sie sich vor, welch positive Wirkungen solche Therapien bei den Großstädtern im Unterland hätten. Endlich würden sie nicht mehr ständig den Bergbewohnern all das aufs Auge drücken wollen, was diese gar nicht möchten – Wölfe, Bären, Herdenschutzhunde, Naturparks –, sondern darüber nachdenken, was man im urbanen Raum noch alles machen könnte, um unseren Nachfahren eine intakte Umwelt zu hinterlassen.

Seniorenzentren für Jäger statt Freudenhäuser

Im Jahr 2014 wurden in der Stadt Zürich mehrere Drive-In-Freudenhäuser gebaut. Mit dem Erstellen dieser Sex-Boxen investierte man rund 2,4 Millionen Franken einmalig und 700.000 Franken jährlich wiederkehrend in ein Projekt, für das zwar offensichtlich ein Bedürfnis besteht, das uns Jäger aber einmal mehr außen vor lässt. Denn welcher Weidmann geht, beim Barte der Conchita Wurst, im Großstadtdschungel der Stadt Zürich auf die Pirsch? Keiner! Deshalb fordere ich: Hört mit diesen unseligen Investitionen im urbanen Raum auf und tut endlich etwas für uns Jäger.

Was zu tun ist, liegt auf der Hand, wenn man die trostlose Alterszukunft eines heutigen Jägers, einer Jägerin genauer anschaut. Da ergrauen wir in Ehren an Haupt und Schläfen wie der alte Rehbock, die Zähne werden flacher und unsere Austritte immer kürzer. Und irgendwann müssen wir uns entscheiden, ob wir in ein Altersheim hinüberwechseln – was gleichbedeutend ist mit Waffen und Hund abgeben sowie Trophäen entsorgen – oder zur Strecke gelegt werden wollen. Letzteres liegt im Trend, nicht nur für Jäger, sondern auch für den „Normalbürger". Denn man muss Renten sparen und kann sich keine Rentnerschwemme mehr leisten. Deshalb plant unsere Polizei offenbar eine groß angelegte Aktion unter dem Titel „Weg frei für Seniorinnen und Senioren". Mit Werbespots im Fernsehen soll dafür geworben werden, dass ab dem 70. Altersjahr Zebrastreifen nicht mehr benutzt werden müssen und ab dem 80. nicht mehr benutzt werden dürfen. Damit werden wir Alten Freiwild für alle Motorfahrzeuglenker. Und anstelle der einst versprochenen Grünbrücken mit Rolltreppen für Gehbehinderte will man an besonders unübersichtlichen und gefährlichen Straßenabschnitten Zwangswechsel für Rollatorbenutzerinnen und -benutzer einrichten. Dazu sagen wir Jäger entschieden Nein, weil wir wissen, was ein Zwangswechsel bedeutet: Nämlich der direkte Weg in die ewigen Jagdgründe. Deshalb for-

Cartoon: © Haralds Klavinius

Jägers schwerer Entscheid

dern wir resolut: Altersheime für Jäger statt Freudenhäuser. Denn in Seniorenzentren für Jägerinnen und Jäger können wir unsere Flinten und Büchsen behalten, die Trophäen aufhängen und dem Waldi weiterhin ein Plätzchen neben oder im Bett anbieten. Aber das Wichtigste: Wir sind unter Gleichgesinnten und müssen nicht mehr ständig das Geschwafel der Jagdgegner anhören. Kurz, wir bekommen in unserem letzten Lebensabschnitt eine Wohlfühloase, wie es sich für eine vom Aussterben bedrohte Spezies geziemt.

Der Tagesablauf in einem solchen Jägeraltersheim ist voll auf die Jagd abgestimmt. Am Morgen kann man zur Frühpirsch in den Park, wo allerlei Wildtierattrappen im Gebüsch angesprochen werden wollen. Zum Mittagsaser rufen die Jagdhörner und jeden Nachmittag ist am Aserfeuer ein Preisjassen angesagt. Gespielt wird mit jagd-lichen Motiven. Man weist also drei Blatt vom Hirschass oder 50 vom Frischling. Und einmal im Monat wird der Film vom „Wilderer im dunklen Tann" gezeigt. Die Alteingesessenen werden immer wieder dem Höhepunkt entgegenfiebern, wo der Frevler durch die Kugel des Jägers tödlich getroffen in den Alpenrosen versinkt, gleichzeitig die Förster Liesel im Schein der untergehenden Sonne sich an den Hals des redlichen Schützen wirft und ihm sein Jawort gibt.

Jagdlich ist auch die ganze Ambiance. Das Heim wird kein kal-ter Betonbau sein, sondern im Blockhausstil gebaut. Bereits in der Eingangshalle hängen Trophäen aus allen sieben Kontinenten. In der Küche wird auf offenem Feuer gekocht, im Restaurant stehen massi-ve, knorrige Holztische und Stühle, Gabel und Messer haben Hirsch-horngriffe, der Wein wird aus Zinnbechern getrunken und jeden Tag gibt es ein Wild-Auswahlmenü. Die Raucher unter uns müssen ihrer Lust nicht mehr unter freiem Himmel frönen, sondern können in der Jägerstube unter nikotingelben Schädeln den Rauch ihrer Zigar-re oder ihrer Pfeife in sich hineinziehen. Und in den Zimmern der Pensionäre hängen deren eigene Trophäen, vor dem Bett liegt eine Gamsdecke und das Badezimmer ist einer Suhle nachgebaut.

Sobald die ersten dieser Jägerheime gebaut sind, werden sich lan-ge Karawanen von Jägerinnen und Jägern mit ihren Hunden, Waffen und Trophäen auf den Weg machen, um ihren Lebensabend jäger- und altersgerecht verbringen zu können.

Rehäuglein und Bauer, ledig, sucht

Unsere gewieften Vordenker in Sachen Öffentlichkeitsarbeit predigen es als Endlos-Mantra: „Tue Gutes und rede darüber." Deshalb gibt es selten mehr eine Ausgabe einer Jagdzeitschrift, in der nicht über Jägerauftritte in Schulen, von Jagdhornbläserkonzerten an Dorfmärkten oder Hecken pflanzenden Jagdgesellschaften berichtet wird. Auch die regionalen Medien schreiben recht häufig über unser Tun. Die positive Folge davon ist, dass uns Jägern auf dem Lande kaum Opposition erwächst. Doch unsere jagdliche Zukunft liegt nicht draußen in den Dörfern, sondern in den Städten und den Ballungsgebieten, den Agglomerationen.

Mit der Jagd kommen die Agglos höchstens in den Ferien in Kontakt, wenn ihnen im Herbst auf einem Bike-Downhill-Run zufälligerweise ein Bündner Geschoss im Kaliber 10,3 um die Ohren fliegt oder ein gerade erlegter Rothirsch samt Jäger über den Weg läuft. Denn sie lesen keine Lokalblätter und schon gar nicht eine Jagdzeitschrift, sondern *Blick am Abend* und *20 Minuten*. Und dort hat es für die jagdliche Öffentlichkeitsarbeit keinen Platz. Meinte man jedenfalls bis vor kurzem. Nun fand sich aber eine Jagdgesellschaft nicht zu schade, für die Sache der Jagd diesen Quickie-Journalismus einzuspannen. Deshalb wurde eine Anfrage der Zeitung *20 Minuten*, die täglich Neugier und Wissensdurst von 2,7 Millionen Leserinnen und Lesern befriedigt, positiv beantwortet. Die Vorgaben der Journalisten waren klar: Es muss eine Live-Rehkitzrettung mit Drohne sein, dabei muss ein Kitz gefunden werden und dieses sei durch eine charmante Jägerin auf Gras gebettet aus der Gefahrenzone in den schützenden Wald zu tragen. Sie hätten für die Aufnahmen maximal drei Stunden Zeit. Und: Bei einer solchen Story seien Tränen der Leserinnen garantiert.

Alles verlief bestens: Die Drohne flog, ein Kitz wurde gefunden, die Suchmannschaft machte sich auf den Weg, und das Kitz sprang ab. Nicht ohne sich vorher als Hauptdarsteller auf das Video bannen zu lassen. Noch toller waren die Reaktionen auf *20 Minuten online*. Gut ansprechbar und optimal neben einer vollbusigen Schönheit platziert, stachen Artikel und Video sofort ins Auge. Es hagelte nur so von „Likes" aus der zahlreichen Leserschaft. Stellvertretend für viele vermerkte „coralie" am 17.06.2015 um 18.22 Uhr: „Eine ganz tolle Sache! Wäre absolut dafür, wenn unsere Steuergelder dafür eingesetzt würden. Das wäre doch mal eine nützliche und tolle

Foto: Walter Berger

Rehkitz gerettet, so süß!

Investition! Danke!" Tausende stimmten ihr und weiteren Bambifreunden bei. Natürlich gab es auch negative Stimmen. So hieß es unter dem Titel „Jäger": „Alles gut, aber wenn sie dann wachsen die Rehe kommt der Jäger und knallt sie ab. Weshalb denn diese Aufregung?" Dafür bekam der Autor 30 virtuelle Schläge. Bald wurde die Diskussion breiter. Beatrice schlug vor, Schulklassen einzuspannen und Ricco konterte mit der „besseren Idee": „Schulklassen fragen? Warum nicht unsere Politiker, die machen ja sowieso nichts den ganzen Tag!!!" Den emotionalen Schlusspunkt setzten „Rehäuglein" und „Bauer, ledig, sucht". Rehäuglein blies zum Mähertot und stellte die Frage in den Raum: „Warum immer noch mehr Maschinen einsetzen? Mähen Sie halt das Gras nicht ab, wenn die jungen Rehe geboren werden! Oder mähen Sie von Hand." Und erhielt für diesen „Zurück-zur-Handarbeit-Vorschlag" zahlreiche „Prügel". Da ging es der technisch versierten Sarah wesentlich besser. Sie empfahl, auf den Traktoren Infrarotkameras zu montieren. Und wurde von „Bauer, ledig, sucht" 40 Minuten später mit „Liebe Sarah" – das Brunftgeschehen war damit eröffnet – umfassend und liebevoll aufgeklärt, dass das mit den Kameras wegen hohen Tempos nicht funktionieren könne. Er würde ihr das gerne zeigen.

Und die Moral von der Geschichte? Agglos lieben zwar vor allem Bambis, aber auch Jäger als deren Retter werden positiv wahrgenommen. Der Gang in die Höhle des Löwen ist lohnenswert, Applaus zwar unsicher und Buhrufe auch aus den eigenen Reihen nicht auszuschließen. Zeigt der Daumen nach unten, gilt: Lunte einziehen und sich im Bau verkriechen, bis sich der Pulverdampf verzogen hat. Spätestens nach 24 Stunden ist die Luft wieder rein und die Bewegten klopfen zu neuen Geschichten ihre Empörungen und Niedlichkeiten in ihre Smartphones.

Kommen Jäger ins Paradies?

Eine überflüssige Frage, werden Sie finden. Nur schon ein Blick auf die Website unseres Jagdverbandes lässt sämtliche Himmelspförtner strammstehen und wird sie sofort überzeugen, dass wir Jägerinnen und Jäger einen direkten und prüfungsfreien Übertritt ins Paradies auf Nummer sicher haben. Denn unsere Leistungen hier auf Erden haben himmlische Ausmaße: Hunderttausende an Stunden für Naturschutzarbeit, Millionenbeträge für Pacht- und Patentgebühren als Entgelt, um etwas zu nutzen, das eigentlich niemandem gehört und, über allem stehend, die immer während Weidgerechtigkeit. Wir Jüngerinnen und Jünger des heiligen Hubertus sind deshalb definitiv keine billigen Arbeitskräfte für Fegefeuer und Hölle.

Trotzdem, Zweifel kommen immer wieder mal hoch. Diese beschlichen auch eine Jägerrunde bei ihrem Treffen am Stammtisch im Hirschen. Die Stimmung war bedrückt, denn unter der Woche hatten sie ihren Kollegen mit allen jagdlichen Ehren zu Grabe getragen. Wird der Sepp jetzt wohl bereits im Himmel sein, fragten sie sich, und bekamen keine Antwort darauf. Da meinte der Meier Hans (Name von der Redaktion geändert): „Ich werde mal nachschauen", stand auf und verließ die Runde.

Anderntags ging Meier zur Gemeindeverwaltung, bezahlte bar die noch offene Steuerschuld, meldete sich bei der Einwohnerkontrolle unter der Rubrik „vorübergehender Auslandaufenthalt" ab und machte sich auf den Weg. Alsbald kam er bei der Himmelspforte an, wo eine lange Menschenschlange Einlass begehrte. Das schien Hans zu lange zu gehen, umso mehr, als sein Reiseproviant nur aus ein paar Packungen Kägi fret und einem Liter Valser Wasser bestand. Deshalb drängelte er sich vor, sah rechts vor dem Haupteingang eine kleine Türe mit der Aufschrift „Hunters only" und wollte diese gerade aufstoßen, als ihn ein alter, bärtiger Mann, der ihn an einen der Heiligen auf den Bildern aus der Sonntagsschule erinnerte, daran hinderte. „Was willst du hier?", fragte dieser. „Ich bin Jäger und möchte ins Paradies", antwortete Hans Meier. „Bestens", sprach der Alte, bei dem es

Lebt es sich so im Paradies? (Jheronimus Bosch)

Foto: wikimedia.org

sich wohl um Petrus handeln musste, „aber zuerst müssen wir dich registrieren. Alter, Beruf, Zivilstand?" „68, Rentner und unglücklich verheiratet", entgegnete Meier. „Schön, und wie sieht dein jagdlicher Leumund aus?" „Ich betreue die Website unseres Jagdverbandes. Reicht das?" „Und wie war das mit dem Luchs, dem du eine Ladung Schrot auf den Balg gebrannt hast?" „Das war reine Notwehr, sonst hätte er meinen Waldi abgewürgt." „Und der Wolf, dem du vor den Fang geschossen hast?" „Der hatte bereits das Schwarznasenzucht- schaf meines Nachbarn zwischen den Reißzähnen." „Gut so, und wo willst du jetzt hin?" Meier, dem die Fragerei langsam zu viel wurde, antwortete rasch: „Eine 5.000 Hektar große Eigenjagd möchte ich bejagen können und von einer Schar liebreizender Engel verwöhnt werden." „Das gibt es hier nicht", entgegnete Petrus, „du kannst zwischen Wolke 7 und Wolke 13 wählen. Auf Wolke 7 wirst du zu- sammen mit deinem verstorbenen Jagdkameraden Sepp und beglei- tet von Jagdhornklängen den ganzen Tag Hosianna rufen und den Herrn lobpreisen. Oder auf Wolke 13 die Seelen erschossener Luchse und Wölfe hegen und pflegen." Hans Meier wurde fahl im Gesicht: „Aber ich möchte doch ins Para…" Er konnte den Satz nicht vollen- den, denn Petrus zog ihm die Wolke, auf der er gerade stand, unter den Füßen weg. Und Meier segelte, Kägi fret sowie Valser Wasser mit beiden Händen fest umschlossen, wieder der Erde entgegen. Er landete sanft gleich neben dem Hirschen, wo seine Jagdkameraden am Stammtisch saßen und gerade diskutierten, ob denn der Hans den Weg ins Himmelreich wohl gefunden habe. Sie begrüßten ihn freudig mit einem kräftigen Horrido und wollten natürlich wissen, wie sein Besuch im Paradies ausgefallen sei. „Ernüchternd", meinte Meier, nahm einen Schluck vom Bier, das ihm die Käthi hingestellt hatte, und ergänzte: „Ich bleibe lieber noch einige Jahre hier bei euch im schönen Toggenburg. Und nächstens werde ich dem Fegefeuer ei- nen Kurzbesuch abstatten, um mich dort auch einmal umzusehen."

Jagdreise zum Mars

Haben Sie eben Ihren 40. Geburtstag gefeiert und bereits auf allen fünf Kontinenten gejagt? Ringt es Ihnen nur ein müdes Lächeln ab, wenn ein Jagdkollege von einer erfolgreichen Montería in Spanien, einer Jagd auf den Dagestan Thur im Kaukasus oder einem hochkapitalen Braunbären aus Kamtschatka berichtet? Die Trophäen der „Big Three" Kanadas, Grizzly, Elch und Dallschaf, haben Sie aus Platzgründen bereits einem Naturhistorischen Museum geschenkt und für die „Big Five" Afrikas ließen Sie auf Ihrem Grundstück eine Jagd-Lodge bauen, in der diese Giganten einem staunenden Publikum präsentiert werden können. Und nicht zuletzt war die 21-tägige und 64.000 US-Dollar schwere Safari im Selous, Tansania – unter dem Motto „Auf den Spuren von Ernest Hemingway" –, die Ihnen Ihre Gattin als kleine Überraschung auf den Geburtstagstisch legte, ein voller Erfolg. Damit kann ohne Einschränkung festgehalten werden, dass alles Jagdbare, was auf dieser Erde kreucht und fleucht – von Reh, Hirsch, Sau und Federwild reden wir schon gar nicht – in Ihrer Federn-, Knochen- und Fellsammlung vertreten ist. Mit anderen Worten: Im besten Mannesalter haben sich alle Ihre jagdlichen Träume bereits erfüllt und es droht mangels neuer Herausforderungen der finale Absturz in eine tiefe, archaische Depression. Da helfen auch die großzügigsten Opfergaben an Diana nichts mehr. Der Film ist gerissen.

Aber halt! Die Hoffnung stirbt zuletzt. Ein führendes Jagdreisebüro aus den USA bietet neuerdings exklusive Jagden auf dem Mars an. Mit dem Werbeslogan „Hast du genügend Moneten, dann auf zum roten Planeten" umgarnt die Agentur „Mars Hunting International" kaufkräftige und abenteuerlustige Jäger, die keinen Aufwand scheuen, um auf dem zweitkleinsten Planeten unseres Sonnensystems ihre jagdliche Passion ausleben zu können. Damit ergibt sich jetzt für jeden Jäger die einzigartige Gelegenheit, einmal in seinem Leben die engen jagdlichen Fesseln unserer Erde zu sprengen. Freie Jagd auf gut 144 Millionen Quadratkilometern Fläche und alle vor-

kommenden Wildarten ist angesagt. Selbstverständlich ist die Artenvielfalt auf dem Mars nicht so groß wie auf Mutter Erde. Aber wenn
es schon ein Mondkalb gibt, weshalb soll es keine Marssteinböcke
geben? Und bestimmt tummeln sich Amöben und Mikroorganis-
men dort oben, die unter optimalen Bedingungen rasch zu Nieder-
wild genmanipuliert werden können. Wir Menschen sind doch sehr
erfinderisch. Wenn wir schon in der Lage sind, ein Hühnerküken
innerhalb von knapp 40 Tagen zum vollfetten Poulet hochzumästen,
dann ist es doch ein Kinderspiel, mit entsprechender Technik und
Hormonen die Marsfauna auf Vordermann zu bringen. Und sollten

Foto: wikimedia/NASA

Hinter jedem Felsbrocken könnte ein Marssteinbock liegen.

sich auch diese Hoffnungen zerschlagen, ist der jagdliche Traum von einer erfolgreichen Marssafari noch lange nicht ausgeträumt. Denn die Astronauten, die im Rahmen des Projektes Mars One dorthin fliegen, benötigen etwas zu essen. Da die Marsmission eine Einweg-Reise ist – die Lebensbedingungen auf dem Mars sollen so außergewöhnlich sein, dass niemand mehr auf die Erde zurückkehren will –, muss für die nächsten Jahre Lebendnahrung mitgenommen werden. Dafür drängen sich Hühner und Kaninchen geradezu auf. Diese sind anspruchslos, geben sich mit ein, zwei Quadratmetern Wohnraum zufrieden, vermehren sich rasant und garantieren damit die Fleischversorgung auf Jahrzehnte hinaus. Und soll dann an Sonntagen, wenn die Tubennahrung von unter der Woche den Astronauten wieder einmal zum Halse heraushängt, frisches Fleisch auf den Teller kommen, sind die Jagdtouristen gefragt. Schnell eine Buschierjagd organisiert und schon kann Strecke gelegt werden. Selbstverständlich nicht ohne diese vorher noch weidmännisch zu verblasen. Und welche Waffe sollten Marsjäger mitnehmen? Am besten einen Drilling mit anständigem Kugelkaliber, denn man weiß wirklich nie, was in den uns heute noch verborgenen Marstälern alles seine Fährte zieht. Einschießen kann man die Waffe bereits hier, da bis zum Abflug im Jahr 2026 ZEISS und Swarovski bestimmt noch ein Ballistik-Programm liefern werden, das mit einem Klick die Flugbahn der Geschosse auf Grund der geringeren Anziehungskraft des Mars korrigiert.

Also nichts wie los. Das Sparschwein schlachten und die Reise buchen. Bewunderung und Neid der Jagdkollegen sind garantiert.

Blick in die Kristallkugel

Wir Menschen möchten immer wieder mal wissen, wie die Welt in zehn oder 50 Jahren aussehen wird. Existentielle Fragen wie „Wann hält das Paradies auf Erden endlich Einzug?" und „Kann das eheliche Versprechen ‚bis dass der Tod uns scheidet' dank ewigem Leben definitiv beerdigt werden?" beschäftigen uns. Selbst die archaischsten Lebewesen auf diesem Planeten, die Jäger, können sich dieser Sehnsucht nach dem Blick in die Zukunft nicht entziehen. Und so kommt es, dass hin und wieder in Ehren ergraute Weidmänner und Weidfrauen, die ihre Zukunft eigentlich bereits hinter sich haben, an Stammtischen aus ihrer Jackentasche eine glitzernde Kristallkugel hervorklauben, um den gespannt an ihren Lippen hängenden Zuhörern in leisen, ausgewählten Worten zu erklären, was so alles auf diese zukommen wird. Und hat die Wirtin gerade eben die Espressomaschine gereinigt, wird auch sie sich an den Tisch setzen, den Kaffeesatz auf einem Porzellanteller vorsichtig ausbreiten, darin mit einer Silbergabel geheimnisvolle Kreise ziehen und die hellseherischen Auslegungen des jagdlichen Schamanen mit begleitendem Gemurmel aktiv unterstützen.

Humbug oder Offenbarung? Zumindest wirtschaftlich gesehen eine Erfolgsgeschichte, denn wo lägen die Auflagen der Zeitschriften mit den wöchentlich erscheinenden Horoskopen, wie würden Zukunftsforscher ihre Familie ernähren können und was wäre mit dem Heer an kosmischen Dolmetscherinnen, wenn deren Zukunftsdeutungen nicht mehr gelesen und erhört würden? Trostlos wäre diese Welt. Deshalb hier und jetzt, exklusiv für alle Jäger und Gejagten, ein Blick in die ferne Zukunft. Genauer, ins Jahr 2050.

Die gute Nachricht vorweg: Im Jahr 2050 wird es in ganz Westeuropa keine Jagdgegner und damit auch keine Jagdabschaffer mehr geben. Und gleich die schlechte nachgeschoben: Aber auch keine Jägerinnen und Jäger mehr. Hahn in Ruh, Jagd vorbei. Denn Ende der 2030er-Jahre werden die Jäger mit einem Anteil von nur noch 0,1 % an der Bevölkerung definitiv marginalisiert sein. Und so kommt es,

Blick in die Kristallkugel – Humbug oder Offenbarung?

dass dannzumal ein paar noch rüstige Weidmänner, friedlich vereint mit Jagdabschaffern, im Solde des Staates Hochsitze, Drückjagdböcke und Wildschweinkirrungen zurückbauen werden. Ein ungewohntes Bild zwar, doch gleichzeitig wird ein befreiendes Aufatmen durch die Wildbestände gehen. Weder bleihaltige noch bleifreie Luft wird fortan ihre Lungen belasten, ungestört können sie sich die besten Äsungsplätze aussuchen und sich ungehemmt vermehren. Wenn da nicht Bären, Wölfe und Luchse wären, für die in den 2040er-Jahren paradiesische Zustände entstehen werden. Nur noch Fang aufreißen und zubeißen, wird unter dem Raubwild die Devise sein. Und dieses muss natürlich gefördert werden, damit unsere Schutzwälder unter dem Äser des Schalenwildes nicht zu Bonsaikulturen verkommen. Deshalb wird Mitte der Vierzigerjahre dieses Jahrhunderts mit der Lex 32045R9999 eine neue EU-Richtlinie erlassen, mit dem Ziel, die Schaf- und Ziegenhalter mit finanzieller Unterstützung des Staates umzuschulen und dazu zu bringen, von Schaf- auf Wolfhaltung umzustellen. In 35 Jahren werden somit im Winter nicht mehr Hirten mit ihren Schafen durch die Lande ziehen, sondern Raubtierdompteure mit Rudeln von Wölfen. Der große Vorteil: Es braucht dafür keine teuer subventionierten Herdenschutzhunde mehr. Selbst der EU-Rebell Schweiz wird diese Vorgaben übernehmen. Darauf deutet das im Hintergrund der Kristallkugel leuchtende weiße Kreuz im roten Feld hin.

Ein kleiner jagdlicher Hoffnungsschimmer kommt aus den tiefsten Tiefen der Kugel: Ab dem Jahr 2050 werden alle Fluggesellschaften, von der Lufthansa über die Austrian Airlines bis zur Swiss, regelmäßig Flüge für Jäger ins südliche Afrika planen. Denn ein findiger EU-Politiker hatte im Parlament durchgebracht, dass, ähnlich dem Ablasshandel mit CO_2-Zertifikaten, ein solcher mit Jagd-Zertifikaten für Namibia, Sambia und Südafrika eingeführt wird. Die für diese Jagdexpeditionen speziell gebauten Großraumflugzeuge mit mehr als 400 Plätzen werden im Obergeschoss über ein Schießkino verfügen, in dem sich die wackeren Weidmänner auf ihre jagdlichen Abenteuer einschießen können. Daneben eine Bühne, auf der Jagdhornbläser und Helene Fischer II. für Hochstimmung sorgen.

Wildtiere sind auch nur Menschen

ESSAY

Nein, den Eisbären Knut fand ich überhaupt nicht knudelig und die Flocke warf mich gar nicht aus der Hocke. Das sind doch alles nur Psychenreiniger für uns Menschen. Ganz anders jene Wildtiere, die sich im Frühjahr 2008 zur Animal Freedom Army (AFA) zusammengeschlossen haben. Dies völlig unbemerkt von den Massenmedien, die sich zu jener Zeit immer noch mit der Nichtwiederwahl von Alphatier Blocher beschäftigten. Erst als eine Ratte das geheime Strategiepapier der AFA der Boulevardpresse zugespielt hatte, wurde die Sache schlagzeilenträchtig und die Öffentlichkeit erfuhr von den Plänen einer mobilen Eingreiftruppe in der Luft, zu Wasser und zu Lande, die aus etwa 600 Adlern, 1.600 Bibern, einigen zehntausend Eichhörnchen, über 100.000 Füchsen und Millionen von Zecken besteht. Und vom Leitsatz dieser Truppe, der da lautet: „Nur wenn wir Wildtiere uns eingestehen, dass wir auch nur Menschen sind, werden wir *Homo sapiens* aus unseren angestammten Lebensräumen vertreiben können."

Und so spielt sich in den letzten Monaten in Schweizer Wäldern und Feldern, in Städten sowie in unserem Luftraum Ungeheuerliches ab. Ahnungslose Gleitschirmflieger werden im Berner Oberland zu Notlandungen gezwungen, landwirtschaftliche Fahrzeuge verschwinden in Ufernähe wie vom Erdboden verschluckt, das Schweizer Fernsehen macht auf Sendepause, friedliche Camper müssen mit schweren Hand- und Fußverletzungen ins Spital eingeliefert werden und die Schweizer Flugwaffe probt, nein, erlebt den Ernstfall nahe der deutschen Grenze. Fast täglich berichten die Medien über die schwerste Bedrohung unseres Landes seit der Habsburger Zeit. Und zwar nicht etwa durch Terroristen von jenseits der Landesgrenze, sondern durch Adler, Biber, Eichhörnchen, Füchse und Zecken.

Der Adler, um 1900 in der Schweiz fast ausgerottet und 1952 unter Schutz gestellt, gehört zu den Greifvögeln. Er versucht, durch bodennahen Flug oder durch einen Angriff außerhalb des Seefeldes seiner Beute, diese zu überraschen und sie mit seinen außerordentlich kräftigen Zehen und Krallen zu töten. Beutetiere, wie junge Gämsen oder Rehe, die schwerer sind als er selbst, kann der Adler nicht wegtragen und verzehrt sie deshalb gleich an Ort und Stelle.

Der Gleitschirmflieger U. D. aus B. war Ende Juli im Kiental unterwegs, als er abrupt aus seinem Ikarus-Dasein herausgerissen wurde. Nicht die Sonne war es, die seinen Schirm in Schräglage brachte, sondern ein Adler, der nicht einsehen wollte, weshalb er sein Jagdgebiet mit einem Gleitschirmflieger teilen sollte. Und so griff er, um den Überraschungseffekt voll auszunützen, von hinten einmal, zweimal an, zerfetzte mit seinen Krallen die fliegende Haut und zwang den Piloten zur Notlandung. Der Luftkampf war so überraschend vorbei, wie er begonnen hatte. Auf der Strecke blieb der Pilot samt Gleitschirm. Letzterer konnte in der nahen Abfallverbrennungsanlage gleich entsorgt werden, derweil der Adler aus sicherer Höhe mit Befriedigung feststellte, dass der Flieger zum Verzehr zwar zu schwer und ungeeignet, der Luftraum dagegen wieder frei von Fluggeräten war. Nicht nur das. Das Geschehene verbreitete sich rasch und nachhaltig. Mit dem Resultat, dass verschiedene Täler im Berner Oberland bereits wieder gleitschirmfrei sind.

Der Biber war im 19. Jahrhundert ebenfalls fast vollständig ausgerottet. Das schmackhafte Fleisch, sein Fell und das vollgeile Bibergeil, dieses galt als Wundermittel gegen ziemlich alle Krankheiten, brachten

Foto: wikimedia/Harald Olsen

Foto: wikimedia/Michael Gäbler

Europäischer Biber   Steinadler-Portrait

ihn ins Fadenkreuz der Jäger. In den letzten Jahren hat er sich aber Flüsse und Bäche hinaufgenagt und besiedelt heute als Lebensraumgestalter wieder weite Teile der Schweiz. Äußerst wendig im und unter Wasser, beschafft er sich seine Nahrung, Astmaterial, Baumrinde, Rüben und andere Leckerbissen, in Ufernähe. Zur Besiedlung neuer Lebensräume kann der Biber auch längere Strecken auf dem Lande zurücklegen.

Lange Zeit musste man das Schlimmste befürchten: Weit und breit war kein Biberhaar mehr zu sehen. Doch dann kam die Wende. Eine Handvoll Naturschützer befand, dass es endlich an der Zeit sei, dem Biber wieder das zurückzugeben, was man ihm vor 100 und mehr Jahren genommen hatte. Also wurden Flussbetten renaturiert und Bäche freigelegt, Freiwillige pflanzten Erlen und Schulklassen hängten daran Transparente wie „Seid willkommen liebe Biber". Und die kamen und fraßen die Erlen und Obstbäume schneller weg, als die Landschaftsgärtner nachpflanzen konnten. Das wäre noch kein Problem gewesen, denn der moderne Stadtmensch hat ja eher ein Herz für hungernde Biber als für Kinder. Und so flossen die Spendengelder überreichlich in die Biberkasse. Als dann aber noch Rübenäcker geplündert und Uferböschungen unterwühlt wurden, sodass darin

Foto: wikimedia/Werner Mandel

Hier waren Biber am Werk.

Das Eichhörnchen – ein großer Kletterkünstler

landwirtschaftliche Fahrzeuge schrottreif versanken, regte sich erster Widerstand. Trotzdem glaubte noch niemand ernsthaft daran, dass dies nur der Anfang der Rückeroberung der vom Menschen besetzten Wildlebensräume war. Doch die subversive Tätigkeit der AFA-Marinetruppe spitzte sich in den letzten Monaten noch zu. Bereits werden Kläranlagen gestaut und private Schwimmbäder in Biberburgen umfunktioniert. Der Mensch wird und muss in die Städte zurückweichen.

Eichhörnchen gehören zu den Nagetieren. Mit ihren kräftigen und ständig nachwachsenden Schneidezähnen sind sie in der Lage, auch harte Gegenstände zu zerbeißen. Sie sind gewandte Kletterer, ausgezeichnete Flieger von Baum zu Baum und bringen sich durch das Anlegen von Notvorräten sicher durch die harte Winterszeit. In der katholischen Ostschweiz erzählen die Alten, dass es in den Dreißigerjahren nur braune und schwarze Eichhörnchen gegeben habe. Dann seien die roten aus dem Kanton Zürich gekommen. Heute gibt es fast nur noch rote.

Eichhörnchen Max, ein Roter und seit einem halben Jahr Mitarbeiter des Schweizer Fernsehens – er wird dort zusammen mit elf weiteren Eichhörnchen in einem Eichhörnchenrad mit Dynamo als Notstromaggregat eingesetzt –, betrat um 12.03 Uhr den Sitzungsraum der Joint Chiefs of Staff der AFA. Das war außergewöhnlich, denn das Treffen war um zwölf Uhr angesetzt und Max galt bisher als tierisch pünktlich. Noch außergewöhnlicher war, dass er seinen Notvorrat, einen vollfetten Tannzapfen aus dem Engadin, nicht unter dem linken Vorderlauf mit sich trug. Und völlig aus der Fassung gerieten die Chiefs, als Max – der sich eher als stiller Vermittler zwischen Luft- und Landtruppen denn als großer Redner verstand – ohne sich zu setzen sofort das Wort ergriff: „Kameraden, die Zeit ist gekommen, sorgt für mein Weib und Kind." Um anschließend gleich wieder den Raum zu verlassen.

Um 13.38 Uhr biss sich Max zu Tode. Es war ein Leichtes für ihn, sich durch das Drahtgitter des Unterwerks Aubrugg des Elektrizitätswerks der Stadt Zürich (EWZ) zu hangeln und einen Kurzschluss auszulösen. Wie an einem Seenachtsfest zischte und funkelte es im EWZ. Anschließend war beim Schweizer Fernsehen und Radio bis

15 Uhr Funkstille. Dies mitten in der Übertragung der Olympia-Abschlussfeier aus Peking. Statt Feuerwerk, Medaillenglanz und Reden nur tote Hose. Auch die Umstellung auf die Notstromversorgung, die erst vor einer Woche noch getestet worden war, funktionierte nicht. Dies deshalb, weil Schichtführer Max seinen Kollegen vom Eichhörnchenrad für den Nachmittag frei gegeben hatte. Die Fernsehdirektorin beteuerte zwar, dass im Katastrophenfall der damalige Bundespräsident Couchepin sofort in ein Notstudio eingeflogen oder eingefahren worden wäre, um zur Nation sprechen zu können. Sie verschwieg aber, dass man noch am selben Nachmittag feststellte, dass die Zündkabel von Bundesratshelikopter und -limousine durchgebissen worden waren und diese somit gar nicht einsatzfähig gewesen sind.

Der Fuchs ist ein Allesfresser. Er besiedelt heute nicht nur Wälder und Felder, sondern auch Dörfer und Städte. Ein Fuchsweibchen bringt jedes Jahr in einem Bau drei bis acht Junge zur Welt. Füchse sind gewandte und ausdauernde Jäger, die große Mengen an Mäusen fangen und verzehren, die aber auch Vögel, Junghasen, Rehkitze, Schnecken, Obst und Siedlungsabfälle nicht verschmähen.

Anfang Sommer folgte zu Lande, parallel zu den Biberattacken, eine weitere Angriffswelle. Ahnungslose Campierer wurden, nahe am Bodensee, mitten in der Nacht überfallen und übel zugerichtet. Und das über Wochen. Eine völlig aufgelöste französische Touristin streckte dem Kameramann von DRS Aktuell ihre mit Mullbinden eingepackten Hände und Füße in die Linse und der Assistenzarzt des Spitals Münsterlingen sprach von noch nie da Gewesenem. Zwar mussten 13 der Angreifer, es handelte sich um ganz gewöhnliche Rotfüchse, im Sperrfeuer des resolut durchgreifenden Jagdaufsehers ihr Leben lassen, doch konnte auch damit nicht verhindert werden, dass die Campierer das Feld räumen und fortan in einer Lagerhalle zelten mussten. Um 22.00 Uhr wurde jeweils das Eingangstor fuchssicher abgeschlossen und an der Decke der Halle zündete man als Sternenersatz ein paar Lampions an. Damit wurde der Campingplatz wieder zu Fuchsgebiet.

Zecken zählen biologisch zu den Spinnentieren. Die bei uns häufigste und als Krankheitsüberträger wichtigste Zeckenart ist der Gemeine

Fuchs im Hühnerstall   *Zecke im Hundefell*

Holzbock. Für seine drei Entwicklungsstadien von der Larve über die Nymphe bis zum erwachsenen Weibchen muss er an einem warmblütigen Wirbeltier Blut saugen. Zeckenstiche spürt man nicht, im Gegensatz zu Bienenstichen, da Zecken beim Stechen betäubende Substanzen absondern. Gefährlich sind bei uns zwei Krankheitserreger der Zecke, einmal ein Virus, das die Frühsommer-Meningoenzephalitis (FSME) auslöst, und ein Bakterium, das für die Borreliose verantwortlich ist.

Fast zeitgleich mit den Angriffen der Füchse erfolgte im Zürcher Unterland, nahe der deutschen Grenze, die dritte Angriffswelle. Gerichtet gegen die Schweizer Luftwaffe, die dort mit mehr als 200 Mann, offenbar mangels Flugzeugen, den Ernstfall mit Zelt, Brot und Schlafsack probte. Eigentlich eine ungeheuerliche Zumutung für einen Soldaten des 21. Jahrhunderts, der zwar mit Computern, aber nicht mit der Natur umgehen kann und ohne psychologische Betreuung in den finster-feuchten Wald zum Biwakieren abkommandiert wird. Und prompt wurden die Soldaten nicht in einen Luft-, sondern in einen Nahkampf verwickelt. Gedrillt auf moderne Kriegsführung in der grenzenlosen Freiheit des Luftraums war die Schlacht schon verloren, bevor sie so richtig begonnen hatte. Als der Feldweibel am Morgen danach seine Mannschaft nicht zum Antrittsverlesen, sondern zum Zeckenablesen versammeln ließ, lag schon die Hälfte der Soldaten kampfunfähig im Spital, wogegen auf der anderen Seite der Front ein paar tausend Holzböcke zufrieden ihren Blutrausch aus- schliefen. An der eilends einberufenen Pressekonferenz stellte der oberste Chef der Luftwaffe umgehend die Frage in den Raum, ob in Friedenszeiten solch gefährliche Einsätze für seine Truppe über- haupt noch verantwortbar seien. Ich meine Nein und empfehle den Fliegern, künftig im Verkehrshaus in Luzern zu üben. Dort steht jegliches Fluggerät herum, um darin, darunter und dazwischen ge- fahrlos zu biwakieren. Und das völlig zeckenfrei. Nur im Korb eines Heißluftballons würde ich nicht biwakieren. Zu leicht könnte ein Specht anklopfen und damit die Offensive der Wildtiere mit Erfolg weiterführen.

Das Dingsda

ESSAY

Es war Sonntag, 25. August 2013. Die Stubenuhr hatte eben zwei Uhr mittags geschlagen. Bauer Hans Schweizer räusperte sich und fuhr mit den zerfurchten Fingern der rechten Hand durch seinen Vollbart. Das Zeichen für seine Frau Emma, dass sie nun wieder reden durfte. Denn sonntags war die Zeit zwischen 13.00 und 14.00 Uhr für Schweizer heilig. Sie galt einzig und allein seinem Mittagsschlaf. Das hatte Emma nach ihrer Hochzeit rasch gelernt und selbst die Kühe vermieden es, am Sonntag zwischen ein und zwei Uhr zu kalben.

Emma Schweizer schaute von der *Schweizer Familie* auf. „Ja, ich möchte auch unsterblich sein. Und du?" Vom Sofa kam keine Antwort. „Und du?", wiederholte Emma, diesmal etwas lauter. „Was willst du?", fragte er zurück. „Ich möchte wirklich unsterblich sein und ewig leben", wiederholte Emma. „Grad so, wie unser Herrgott. Du etwa nicht?" Hans Schweizer erkannte, dass er nun Stellung beziehen musste. Was hatte sie wohl wieder im Heftli gelesen? Wahrscheinlich die Heilsbotschaft eines Gurus, der es bestimmt mehr auf das Geld seiner Jünger als auf deren Unsterblichkeit abgesehen hatte. „Emma, jetzt sind wir bald 40 Jahre verheiratet und du willst noch eine Ewigkeit anhängen? So wird es kein seliges Ende geben, Emma. Und auch aus dem Versprechen an unserer Hochzeit, zusammen zu bleiben, bis dass der Tod uns scheidet, wird nichts werden, wenn wir unsterblich sind." „Du liebst mich nicht mehr", tönte es vom Stubentisch her, „sonst würdest du so etwas nicht sagen. Es wäre doch wunderbar, wenn wir noch 1.000 Jahre hier auf dem Hof zusammenleben und wirtschaften könnten?" Hans Schweizer stand auf und schlurfte zum Stubenfenster. „Wo hast du den Unsinn her, Emma?" „Da, aus dem Heftli. Da steht, man könne unsterblich werden, man müsse nur wollen. Und der Pfarrer Stäubli hat heute gepredigt: „Folget den Lehren Gottes, dann werdet ihr unsterblich sein." „Eure Seelen werden unsterblich sein, hat er wohl gesagt, der Pfarrer." „Nein, ‚ihr' hat er gesagt. Wenn du auch einmal in die Kirche kommen würdest, anstatt immer gleich zum Frühschoppen, würdest du vielleicht auch unsterblich werden." „Dummes Zeug", entfuhr es Hans, sogleich korrigierend mit „Frau, sei doch vernünftig. Alles ist endlich, unsere Kühe sterben, vor vier Wochen ist der Bless gestorben und auch wir zwei werden einmal abtreten müssen. Da gibt es kein Entrinnen. Ist auch gut so. Was würdest du wohl machen, wenn du ewig leben würdest und ich morgen tot umfalle?" „Gleich wieder heiraten", entgegnete Emma trotzig. „Bestimmt den Pfarrer Stäubli, aber da müsste zuerst seine neue Alte abtreten. Und weißt du vielleicht, weshalb der Herr Pfarrer im Frühjahr, als er seine Zweite heiratete, gleich noch eine Todesfallversicherung abgeschlossen hat? Wer unsterblich ist, braucht keine Lebensversicherung."

Hans Schweizer stand nun am Fenster und schaute auf sein Maisfeld, das sich vom Hof bis zur Autobahn erstreckte. Der Mais stand gut da, gerade in der Milchreife. Kein Hagel und keine Wildschweine hatten ihm bisher zugesetzt. Vor dem Mittagsschlaf schien noch die Sonne, jetzt war es draußen düster geworden. Den Hof vom Buecher

Da braut sich was zusammen.

Sepp auf der anderen Seite der Autobahn konnte Hans nicht mehr erkennen. Und es wurde noch dunkler, grad so wie kurz vor dem Einnachten. Über dem Maisfeld braute sich etwas zusammen. Nebelschwaden, vermischt mit Staubkörnern und Blättern wirbelten über dem Feld, und am Ackerrand entlang bewegte sich eine vielzackige, züngelnde Formation. Hans Schweizer glaubte nicht an Außersinnliches. Nur wenn eine Kuh zweimal hintereinander verworfen hatte, schaute er kurz zum Heiland hoch, der in der rechten Stallecke hing. Schämte sich darüber aber gleich wieder, denn so ein Stallpech kann es geben, selbst beim Buecher Sepp, der zweimal die Woche zur Andacht in die Kirche ging. Trotzdem, er hielt sich etwas fester am Fensterrahmen und rief seiner Emma zu: „Schau mal, dieses Dingsda, so etwas habe ich noch nie gesehen." Emma eilte zum Fenster, wurde bleich und bekreuzigte sich. Nach etwa fünf Minuten war der Spuk vorbei. Zwei, drei Reihen des Maises lagen aber wie abgemäht am Boden. Der Rest war unbeschädigt.

Hans Schweizer rief seinen Nachbarn an. „Sepp, hast du das auch gesehen, was eben über meinem Maisfeld abgegangen ist?" „Was, abgegangen?" „Dieses Dingsda, dieses Unwetter, ja ich weiß nicht genau, was." Sepp verneinte und Schweizer ging zur Scheune, holte sein Moped samt Anhänger hervor und fuhr zum Feld hinaus. Die Maisstängel der ersten zwei Reihen lagen, knapp über dem Boden abgeschnitten, auf der Erde. Als er einen auflas, spürte er eine klebrige Masse zwischen den Fingern. Der ganze Stängel samt Kolben war wie mit einem Klarsichtfilm überzogen. Schweizer belud seinen Anhänger und fuhr zurück zum Hof. Er wollte den Mais seiner Kuh Lena und den drei Hennen und dem Hahn verfüttern. Die Hennen hatten dieses Jahr noch kein Ei gelegt. „Die behalten wir, bis sie tot umfallen oder der Fuchs sie holt", hatte Emma einmal gesagt. Offenbar hatte sie die Hühner, wie Hans seine Lena, ins Herz geschlossen. Lena war alt, gegen zehn Jahre. Seit zwei Jahren wurde sie nicht einmal mehr trächtig, Milch gab sie schon länger nicht mehr und wenn sie auf die Weide ging, dann war sie stets am Schluss der Herde. Aber Hans Schweizer konnte sich einfach nicht entschließen, sie zum Metzger zu bringen. Es war nicht Dankbarkeit für die gut 50.000 Liter Milch, die sie ihm in ihrem Leben gegeben hatte. Nein, es waren ihre Augen. Diese großen, runden, abgrundtiefen, braunschwarzen Augen mit den langen Wimpern erinnerten Hans stets an Käthi vom Untersee. In der Rekrutenschule hatte er diese im Urlaub beim Tanz kennengelernt. Nach dem Militär hatte er sie wieder besucht. Doch da war sie bereits verheiratet. Mit einem Ribi aus Ermatingen. Ein Trunkenbold, wie die Leute sagten. So überraschte es niemanden, dass Ribi bereits vier Jahre später im Vollrausch von einem Gerüst fiel. An der Abdankungsfeier sprach der Pfarrer vom aufopfernden Ehemann und Vater. Sein Körper sei nun von uns gegangen, aber seine Seele werde unsterblich bleiben.

Immer wenn Schweizer in die Augen von Lena schaute, sah er das bleiche Gesicht mit den großen dunklen Augen von Käthi vor sich. Sie weinte nicht am Grabe, sie sprach auch nicht mit Schweizer, sondern schaute regungslos, die zwei noch kleinen Kinder an der Hand, in die Ferne. Wenn Schweizer nachts wach lag, dachte er oft an Käthi. Wie möge es ihr wohl gehen? Dann stand er auf, ging zu Lena in den Stall, kraulte ihr die Stirne und schaute ihr in die grenzenlos tiefgründigen Augen. Und malte sich aus, wie es wohl wäre, wenn seine Emma sterben würde. Er würde bestimmt nach Ermatingen fahren und Käthi besuchen. Wer weiß, die Kinder wären jedenfalls kein Hindernis. Aber eben, jetzt wollte seine Emma unsterblich werden.

Schweizer warf der Lena ein paar Maisstängel hin. Diese sollte es noch gut haben bei ihm. Sie fraß den Mais gierig auf. Ein paar Kolben brachte er den Hühnern. Wenn schon seine Emma ewig leben möchte, ja, dann sollten es ihre Hühner auch recht haben.

Am nächsten Tag, als Hans Schweizer in den Stall kam, begrüßte ihn Lena mit einem übermütigen Muhen, so wie er es von ihr schon lange nicht mehr gehört hatte. Als er nach dem Melken die ganze Herde ins Freie trieb, drängte sich Lena vor und lief zügig auf die Weide. Auch abends war sie die erste und fraß gierig die restlichen Maisstängel. In den nächsten Tagen machte sie jeden Tag einen jüngeren und frischeren Eindruck. Eine Woche später stellte er beim Melken erstaunt fest, dass Lena brünstig war. Und seine Emma fragte ihn vor dem Nachtessen: „Willst du heute Abend Rühreier? Die Hühner haben wieder gelegt." „Emma, was ist da los? Ein Wunder?" Diesen Abend gingen beide früh zu Bett. Aber schlafen konnten sie nicht. Das Wunder stand im Raum. Als die Stubenuhr ein Uhr schlug, fragte Emma leise: „Schläfst du Hans?" „Nein." „Weshalb nicht?" „Wegen dem Wunder." Und nach einer Weile: „Das muss am Mais liegen." Hans stand auf, zog sich die Stalljacke über, ging zum Schopf und fuhr mit dem Moped zum Maisfeld. Bestimmt lagen noch ein paar Kolben am Boden. Tatsächlich. Er las sie auf und fuhr zurück zum Hof. Emma erwartete ihn bereits in der Küche. „Was machen wir damit?", fragte sie. „Essen natürlich." Sie zerkleinerten die Blätter und Kolben, Emma goss etwas Öl und Essig darüber und dann aßen sie den Maissalat. „Was meinst du, was jetzt geschehen wird?", fragte Emma. „Wir werden sehen."

Am nächsten Morgen stellten sich beide vor den Spiegel. „Siehst du etwas?", fragte Emma. „Nein, und du?" „Auch nichts." Irgendwie fühlten sie sich aber anders, wohler, unternehmenslustiger. Zwei Tage später meinte Emma, ihre Falten seien weniger geworden und am Abend kuschelte sich Hans im Bett zu Emma hin. Das hatte er schon seit über zehn Jahren nicht mehr gemacht. Trotzdem, nach einer Woche dachten beide nicht mehr an die Geschichte mit dem Mais und freuten sich ganz einfach, dass ihnen einiges leichter von der Hand ging als früher.

Fünf Jahre später, an seinem 65. Geburtstag erhielt Hans Schweizer Post vom Landwirtschaftsamt in Frauenfeld. Gratulation zum Geburtstag, hieß es darin, und alles Gute für den dritten Lebensabschnitt. Ganz am Schluss im Kleingedruckten noch der Hinweis, dass es mit den Direktzahlungen nun vorbei sei. „Aha, Zwangspensionierung", brummelte Schweizer vor sich hin. Und zu Emma gewandt: „Ich war noch nie so fit wie jetzt und nun soll ich mit dem Bauernsein aufhören?"

Gleichentags fuhr Schweizer nach Frauenfeld. Diesen Bürokraten wollte er es zeigen. Die Begrüßung war freundlich, sein Hinweis auf seine Fitness wurde anerkennend bestätigt, aber gleichzeitig auch darauf hingewiesen, dass die in Bern oben schon vor längerem beschlossen hätten, dass es nach der Pensionierung keine Subventionen mehr gäbe. Er wolle gar nicht pensioniert werden, denn er gehöre noch lange nicht zum alten Eisen, entgegnete Schweizer. Und überhaupt, er und seine Emma seien nun unsterblich. Bei der Sozialversicherung würden die sich noch wundern, wie lange er eine Rente beziehen werde. Der Beamte meinte, Schweizer solle nicht übertreiben, unsterblich sei niemand. Eine Hofübergabe wäre jetzt sinnvoll und rentabel, er könnte ihm mehrere Adressen von Interessenten geben. Schweizer hörte die Worte nicht mehr, der Türknaller übertönte den gutgemeinten Rat.

Als Hans Schweizer am 21. Januar 2038 – zwei Wochen vorher hatte er seinen 85. Geburtstag gefeiert – den Briefkasten leerte, lag zuoberst eine Todesanzeige. Er öffnete mit etwas zittrigen Fingern den Brief und wurde bleich: „Unsere liebe Mutter, Großmutter und Urgroßmutter Käthi Ribi-Ammann ist am 16. Januar zu ihrem Schöpfer heimgekehrt." Schweizer mochte den Rest nicht mehr lesen. Zwei, drei Tränen rollten ihm über die Wangen. Er ging zu Lena in den Stall und schaute ihr in die braunschwarzen, stark bewimperten Augen. Und ganz in deren Tiefe schien im Käthi zuzulächeln, wie damals, als er sie zum Tanze aufgefordert hatte. Zum ersten Mal bereute es Hans, zusammen mit Emma vom Dingsda-Mais gegessen zu haben. Denn in diesem Augenblick wurde ihm bewusst, dass unsterblich sein auch bedeutete, alles zu überleben, was einem lieb war. Er ging zurück zum Haus und Emma fragte ihn etwas verwundert: „Hast du geweint, Hans?" „Der Wind hat mir Staub in die Augen geblasen." Hans überreichte ihr wortlos die Todesanzeige. Als es gegen Mitternacht ging, stieg Hans leise aus seinem Bett. Er zog sich rasch die Stallkleidung über seinen Schlafanzug an, hängte den Viehtransporter an den Subaru und ging zu Lena in den Stall. Am nächsten Morgen veröffentlichte die Polizei eine kurze Pressemitteilung: „Auf der Strecke Frauenfeld Wil ist es zu einer Kollision zwischen dem Zug, Frauenfeld ab 0 Uhr 11, und einer Kuh gekommen. Die Lok ist dabei entgleist, die Kuh war sofort tot. Personen sind nicht zu Schaden gekommen. Erste Abklärungen haben ergeben, dass die etwa zehnjährige Kuh, der beide Ohrmarken fehlten, bei Jakobstal zwischen den Bahnschranken festgebunden wurde."

In den folgenden Jahrzehnten waren die Schweizers mehr als beschäftigt mit den Medien und den vielen Besuchern, die auf den Hof kamen, um die beiden live zu erleben. Denn es hatte sich herumgesprochen, dass da zwei lebten, die wunderbarerweise nicht älter zu werden schienen. Der Gemeindeammann kam regelmäßig zu den Geburtstagen, gratulierte und überreichte einen Blumenstrauß und eine Flasche Roten. Zum Hundertsten kam auch der Pfarrer mit und es gab zwei Flaschen. Die Schweizers hatten aber auch erkannt, dass sich mit ihrer Unsterblichkeit, neben medialer Aufmerksamkeit, viel Geld verdienen ließ. So hatten sie mit Novartis einen millionenschweren Exklusivvertrag abgeschlossen. Sie traten in Fernsehspots auf und nahmen dort „Bleib-jung-und-vital-Pillen". Und für einen großen Lebensversicherer warben sie mit der Botschaft: „Big Life lässt auch Unsterbliche nicht im Stich."

Am 15. Juli 2073 stand Emma Schweizer auf ihrer Bockleiter und putzte die Fensterscheiben in der Stube. Sie und Hans hatten vor kurzem ihren hundertsten Hochzeitstag gefeiert. Das wurde natürlich in den Medien groß herausgebracht. In der *Swiss Family* standen sie auf der Titelseite. Und als absoluten Höhepunkt dieser Feierlichkeiten hatten sich für den nächsten Tag Swiss TV und Bundespräsident Blocher III. zu einem Besuch angemeldet. Da musste die gute Stube natürlich glänzen. Emma stieg noch eine Stufe höher, um dem Gekreuzigten die Spinnweben von der Dornenkrone zu wischen. Da kippte die Leiter um und Emma schlug mit ihrem Kopf hart auf dem Heizkörper auf. Als Hans eine halbe Stunde später in die Stube trat, erkannte er sofort, dass jede Hilfe zu spät kam. Er hob seine Frau auf und trug sie zu ihrem Bett. Dort legte er sie sorgsam hin, nahm aus dem Kleiderkasten ihr Hochzeitskleid und bedeckte damit den leblosen Körper.

Gegen Mitternacht bestieg Hans Schweizer sein Auto und fuhr weg. Am nächsten Morgen veröffentlichte die Polizei eine kurze Pressemitteilung: „Auf der Bahnstrecke Frauenfeld Wil ist es zu einem Personenunfall gekommen. Der Lokführer des Zugs, Frauenfeld ab 0 Uhr 11, hat bei Jakobstal plötzlich eine Person auf dem Geleise gesehen. Obschon er sofort eine Notbremsung eingeleitet hat, konnte der Zusammenstoß nicht mehr verhindert werden. Neben dem Getöteten ist noch ein Korb mit vier Hühnern gefunden worden, die ebenfalls den Tod fanden. Erste Abklärungen haben ergeben, dass es sich um eine Selbsttötung handeln muss, denn ein Alkohol- und Drogentest bei dem etwa fünfundsechzigjährigen Mann verliefen negativ."

Glossar

Hier findet sich die Übersetzung der im Text verwendeten jagdlichen Ausdrücke (Weidmannssprache), damit auch Nicht-Jäger dem Genuss des Verstehens der Glossen nicht entsagen müssen.

.300 Weatherby-Magnum: schnelle und moderne Patrone im »Kaliber .300 (= 7,62 mm)

7x64: Patrone im »Kaliber 7 mm mit einer Hülsenlänge von 64 mm

A

abbalgen: einem Fuchs, Marder … das Fell über die Ohren ziehen

Abgang: geschossene Tiere

abnormer Bock: Rehbock, dessen Geweih nicht „normal" entwickelt ist (teilweise abgebrochen, zur Seite stehend …)

abwerfen: Das Geweih eines »Hirschartigen wird jedes Jahr neu gebildet. Vorher muss das alte abgeworfen, abgestoßen werden.

Altersansprache: Schätzen des Alters eines Wildtieres

anblasen: Signal zum Beginn der Jagd

angeschweißt: durch ein Geschoss verletztes Wildtier verliert Blut (»Schweiß)

anpirschen: langsam auf das Wild zugehen, »pirschen

ansprechen: ein Wildtier (durch den Feldstecher) anschauen

anwechseln: herankommen

apportieren: bringen

äsen: fressen

Aser: Essen des Jägers

Äser: Maul eines »Hirschartigen

Aserfeuer: offenes Feuer, auf dem der Jäger sein Essen zubereitet

aufbrechen: einem erlegten Wildtier die Eingeweide entnehmen

ausfährten: nach »Fährten suchen bzw. Fährten verfolgen

ausgeschaufelt: alle Milchzähne sind durch das Dauergebiss ersetzt

Austritt: Ort, wohin das Wild zum »Äsen kommt

Ausschuss: Stelle, wo das Geschoss den Körper verlässt

ausweiden: einem erlegten Wildtier die Eingeweide entnehmen, »aufbrechen

B

Bache: weibliches Wildschwein
Balg: Fell des Fuchses oder Marders
balglos: ohne Fell, »Balg
Balg schonend: das Fell wird nicht zerschossen, nicht zerstört
Basse: sehr altes, starkes männliches Wildschwein, »Keiler
Bau: „Wohnung" des Fuchses oder Dachses unter dem Boden (Fuchsbau, Dachsbau). Der Bau besteht aus Röhren und »Kessel.
Baujagd: Jagd auf Fuchs und Dachs in deren »Bau mit Hilfe von kleinen Jagdhunden (Dackel, Jagdterrier)
Bibergeil: Sekret aus der Schwanzdrüse des Bibers
blasen: erregte Lautäußerung des Wildschweines (eine »Bache bläst, weil sie sich in Gefahr fühlt)
Blatt: Schulter des Tieres, »Blattschuss
Blattschuss: Treffer mitten auf das »Blatt (tödlicher Schuss)
Blattzeit: Paarungszeit des Rehwildes
Borsten: Haare des Wildschweins
Brackenstern: weißer Fleck auf der Brust einer Bracke (Jagdhunderasse)
Bruch: Zweig bruchwürdiger Holzarten, der nach weidgerechter Erlegung eines bruchwürdigen Wildtieres am Hut getragen wird
Brunftrute: Penis

D

Dachrose: die »Rose verläuft nach unten (parallel zum Schädel)
Decke: Fell der Geweih- und Hornträger (hier beim Reh)
Doppelbüchse: zweiläufiges Kugelgewehr, dessen »Läufe nebeneinander oder übereinander (Bockdoppelbüchse) angeordnet sind
Drilling: Jagdgewehr mit drei Läufen (in der Regel ein Kugellauf und zwei »Schrotläufe). Damit kann ohne nachzuladen dreimal hintereinander geschossen werden.
Drossel: Kehle des Wildes
Drückjagd: Jagdart, bei der durch »Treiber und Hunde versucht wird, den wartenden Jägern das Wild zuzutreiben (»treiben)

E

E0: Energie eines Geschosses beim Verlassen der Laufmündung
Erlegerbruch: Kleiner (meist) Tannenzweig, der dem erfolgreichen Jäger überreicht wird. Kann auch ein Eichen- oder Buchenzweig sein
Erntebock: männliches Reh mit »kapitaler (starker, „guter") Trophäe

F

Fang: Maul bei Hunden
Fährte: Fußabdrücke des »Schalenwildes (»Spur)
Feld (14.): im 14. Feld, Hund im 14. Altersjahr
firm: vertraut mit etwas Jagdlichem
Flinte: Jagdgewehr, mit dem »Schrotpatronen verschossen werden
Flucht(en): Wegspringen des Wildes (es „flieht") bei Gefahr oder nach einem Schuss
Frischlinge: Wildschweine beiderlei Geschlechts, jünger als ein Jahr
Frühpirsch: jagen in der Frühe (»pirschen)
Fuchsbalg: Fell eines Fuchses

G

Gebräch: Vom Schwarzwild mit dem »Gebrech aufgewühlter Boden
Gebrech: Rüssel des Wildschweins, »Gebräch
genossen machen: zu essen (fressen) geben
Gescheide: Darm des Wildes
Geschmeiß: Kot von Vögeln
geschnallter Hund: ein Hund wird bei der »Nachsuche von der Leine losgelassen
Gewaff: Eckzähne des Wildschweines
Grandeln: zwei Eckzähne im Oberkiefer des Rotwildes
Grannenhaare: lange Haare im Winterfell des Fuchses
Greifvogel: fleischfressende Vögel (Milan, Habicht, Sperber …)
Grenzbock: Rehbock, der seinen Lebensraum über zwei Jagdreviere hinweg hat
Grünbrücke: Übergang über eine gefährliche und/oder nicht passierbare Verkehrsader (Autobahn, Eisenbahn …) für das Wild (mit Gras und Sträuchern bepflanzt)

H

Haarwild: Fuchs, Hase, Reh, Hirsch … (alle wilden Säugetiere mit Haaren)

Halsung: Halsband für den Jagdhund

Hasenstreifen: Jagd auf Hasen im Feld

Hirschartiger: dazu gehören Reh, Rothirsch, Damhirsch, Sikahirsch … (sog. Cerviden)

Hirschkuh: weiblicher Hirsch im Alter von mehr als zwei Jahren, auch Tier genannt

J

Jagdsignale: mit den Jagdhörnern werden die unterschiedlichsten Stücke (Signale) gespielt, zum Beispiel „Reh tot", „Hirsch tot", „Jagd vorbei", „Auf Wiedersehen"

K

Kaliber: Durchmesser eines Geschosses in Millimetern oder Zoll

kapitaler Hirsch/Rehbock: ein im Geweih sehr großer, meist alter männlicher Rothirsch/Rehbock

kapitaler Keiler: sehr großes, meist altes männliches Wildschwein (»Keiler, »Basse)

Keiler: männliches Wildschwein älter als zwei Jahre

Kern (des Fuchses): Körper des Fuchses ohne Fell

Kessel: Unterschlupf des Wildschweines (z. B. Reisighaufen) oder „Wohnraum" im »Bau des Fuchses oder Dachses

Kipplaufbüchse: Jagdgewehr, bei dem zum Einführen der Patrone(n) der »Lauf gekippt wird

Kirrung: Platz, an dem mit wenig Futter (z. B. Mais) Wildschweine angelockt werden

Kitz: junges Reh oder Gämse oder Steinwild (»Rehkitz, Gamskitz, Steinkitz)

Kuder: männlicher Luchs

künstlicher Mond: Lampe, Licht

Kurzwildbret: Geschlechtsteile des männlichen »Haarwildes

L

Lauf: 1. Bein eines Wildtieres, 2. vorderer Teil des Gewehrs
Lauscher: Ohren eines Rehs (»Hirschartigen)
Laut geben: bellen
Leitbache: weibliches Wildschwein, das eine »Rotte anführt
letzter Bissen: »Bruch für das erlegte Wildtier. Ein (meist) Tannenzweig wird ihm in den »Äser geschoben.
Licht(er): Augen des Schalenwildes
lidern: Haltbarmachen eines Fells samt Haaren
Losung: Exkremente des Wildes
Luderplatz: Einrichtung zum Anlocken von fleischfressenden Wildtieren
Lunte: Schwanz des Fuchses

M

Montería: Treibjagd in Spanien

N

nachhangen: verfolgen
Nachsuche: die Suche nach einem verletzten Wildtier
nässen: Wasser lösen („brünzle")

P

P3: dritter Prämolar im Unterkiefer des Schalenwildes
Pansen: Magen
Patentjäger: Jäger in einem Kanton/Land mit »Patentsystem
Patentsystem: Jagdsystem in einem Kanton/Land, das erlaubt, mit der entsprechenden Bewilligung (Patent), im ganzen Kanton/Land jagen zu dürfen, »Reviersystem
pirschen: langsames Gehen auf der Jagd
Pirschgang: pirschen gehen
Platzhirsch: dominierender männlicher Hirsch in einem Rudel von Rotwild
Pump-Action: halbautomatische, einläufige »Flinte

R

Rackelwild: Kreuzung aus Auerwild und Birkwild (ist nicht fort-pflanzungsfähig)

Ranz/Ranzzeit: Paarungszeit des Fuchses

Ranzruf: Lautäußerung des Fuchses in der »Ranz

rauschig: brünstige(r) Bache oder Keiler

Rauschzeit: Begattungszeit der Wildschweine

Rehgeiß: weibliches Reh älter als zwei Jahre

Rehkitz: junges Reh, jünger als ein Jahr

reißen: töten

Revierjäger: Jäger in einem Kanton/Land mit »Reviersystem

Reviersystem: Jagdsystem in einem Kanton/Land, das erlaubt, durch das Pachten eines Revieres (Jagdgebiet) alleine oder zusammen mit weiteren Pächtern in diesem Gebiet jagen zu dürfen »Patentsystem

Röhre: mehr oder weniger verzweigtes Tunnelsystem in einem Fuchs- oder Dachsbau

Rose: der unterste, sichtbare Geweihteil beim Reh/Hirsch

Rosenstock: Knochen zwischen Schädel und »Rose eines Geweihträgers (»Hirschartigen). Aus diesem wächst das Geweih.

Rotte: mehrere Wildschweine (Familienverband)

Rute: Schwanz des Wolfes/Hundes

S

Salzlecke: mit Salz bestreuter Pfahl/abgesägter Baumstamm mit Salzstein für das Wild

Schaftholz: Holz am hinteren Teil (Schaft) des Gewehrs

Schale: Fuß des »Schalenwildes

Schalenabdruck: Abdruck der »Schale auf dem Boden oder im Schnee

Schalenwild: dazu gehören Reh, Rothirsch, Damhirsch, Sikahirsch … (sog. Cerviden), aber auch Wildschweine

Schmalreh: weibliches Reh im zweiten Lebensjahr (hat noch keine Junge)

schnallen: ein »Schweißhund wird auf der »Nachsuche von der Leine losgelassen

schnüren: langsames Gehen des Fuchses (ein Fuchs schnürt)

Schof: mehrere Wasservögel (Enten) zusammen

Schonzeit: Zeitraum, während dem nicht gejagt werden darf (während der Aufzucht der Jungtiere dürfen z. B. keine »Rehgeißen bejagt werden)

Schrot: Bleikugeln in »Schrotpatronen

Schrotgröße/Schrotstärke: Durchmesser einer Schrotkugel. Auf Füchse schießt man mit Schrot von der Größe 3.5 mm (Nr. 3), auf Rehe, dort wo erlaubt, mit 3,75 bis 4 mm (Nr. 2 und 1).

Schrotpatrone: Patrone, die je nach »Kaliber und »Schrotgröße ca. 80 bis 200 einzelne Bleikugeln enthält

Schürze: Haarbüschel unterhalb vom Geschlechtsteil beim weiblichen Rehwild in der »Winterdecke

Schwarzwild: Wildschwein

Schweiß: aus dem Wildkörper ausgeflossenes Blut

Schweißfährte: Blutspur

Schweißhund: speziell zur »Nachsuche ausgebildeter Hund

Schweißleine: Leine zum Führen eines »Schweißhundes

Seher: Augen des Fuchses, Wolfes … (Raubwildes)

Spiegel: helle Fellfärbung am Hinterteil von »Hirschartigen

Spießer: Geweih eines »Hirschartigen, das nur aus zwei Spießen ohne »Vereckung besteht

Spur: Fußabdrücke des Raubwildes (Fuchs, Marder, Dachs …)

spurlaut: Ein Hund jagt spurlaut, wenn er auf der Fährte des Wildes, das er verfolgt, laut bellt.

Stirnlocke: auffälliges Haarbüschel auf der Stirne des Rehbockes (nicht immer vorhanden)

Stockente: Entenart, hier ist aber eine Frau mit Walking-Stöcken gemeint

stoßen (nach etwas stoßen): etwas fangen

Strecke: Beute (erlegte Wildtiere) von einem oder mehreren Jägern

Strecke legen: ein oder mehrere erlegte (geschossene) Wildtiere werden nebeneinander auf den Boden gelegt

Stutzer: einläufiges Kugelgewehr

Suchenheil: Glückwunsch an den Hundeführer nach erfolgreicher »Nachsuche

Suhle: „Badewanne" von Wildschwein und Rothirsch, wo sie im (Wasser-)Schlamm baden können

T

Totsuche: Suche mit dem »Schweißhund nach einem verletzten Tier, das beim Auffinden bereits tot ist

Tombakmantel-Geschoss: Jagdgeschoss, dessen äußerer Teil aus der Legierung Tombak besteht

Tracht: Gebärmutter

Träger: Hals des Rehs, Rotwildes usw.

treiben: Menschen (»Treiber) und Jagdhunde versuchen, das Wild so in Bewegung zu bringen, dass es den wartenden Jägern vor die »Flinte läuft.

Treiber: Jagdgehilfen, welche den Jägern das Wild zutreiben sollen

Trophäe: ein Teil der Beute des Jägers (Geweih, Gehörn, Zähne, Fell)

U

Überläufer: Wildschwein beiderlei Geschlechts im Alter von ein bis zwei Jahren

uriger Keiler: sehr altes männliches Wildschwein

V

verblasen: die »Strecke einer Jagd wird von den Jagdhornbläsern mit entsprechenden »Jagdsignalen verblasen („geehrt", „gewürdigt")

Vereckung: Verzweigungen am Geweih eines »Hirschartigen

verenden: sterben

verfärben: Haarwechsel beim Reh, jeweils im Frühjahr (von Graubraun zu Rotbraun) und Herbst (von Rotbraun zu Graubraun)

verhoffen: stehen bleiben

Verleitfährte: »Fährte eines Wildtieres, die einen von der „richtigen" Fährte abbringen will. Ein »Schweißhund wird bei seiner Suche nach dem verletzten Tier von den Fährten gesunder Tiere abgelenkt (verleitet).

Vorderlauf: vorderes Bein eine Wildtieres

W

Wasserhund: Jagdhund, der speziell zur »Wasserjagd abgerichtet ist

Wasserjagd: Jagd auf Wasservögel (Enten, Kormorane ...)

Wechsel: Pfad/Weg, auf dem Wildtiere regelmäßig laufen

wechseln: von einem Gebiet ins andere gehen

weidgerecht: entspricht den von den Jägern selbst auferlegten Regeln zur Bejagung des Wildes, »Weidgerechtigkeit

Weidgerechtigkeit: „ungeschriebenes" Gesetz zur Bejagung des Wildes

Weidmannsdank: Dank des Jägers (Weidmanns)

Weidmannsheil: Glückwunsch der Jäger vor Aufbruch zur Jagd

Weidmannsheil gehabt: ein Jäger konnte ein Wildtier erlegen, »zur Strecke bringen

weidwund: ein Wildtier wurde „weidwund" getroffen, das heißt im Bereich des Magens und/oder der Gedärme und ist deshalb meist nicht sofort »verendet

Windfang: Nase

Winterdecke: Fell des Schalenwildes im Winter

Wurfkessel: Unterschlupf einer Bache, wo sie ihre Jungen zur Welt bringt bzw. gebracht hat, »Kessel

Z

Zahl vor Wahl: beim Abschuss wird mehr auf die Anzahl der erlegten Tiere geschaut als auf deren Qualität

Zehndrei: Patrone (»Kaliber) der Bündner Jäger (Geschossdurchmesser 10,3 mm)

zur Strecke bringen (gebracht): ein Wildtier erlegen (wurde erlegt)

Zwangswechsel: »Wechsel, dem das Wildtier zwangsläufig folgen muss (z. B. unter einer Felswand entlang)

Portrait

Martin Ebner, geboren am 7. Januar 1944, um 06.10 Uhr in der Früh. Dieses Verlassen der schützenden Höhle noch mitten in der Nacht hat mich mein Leben lang traumatisch begleitet. Weshalb die Frühpirsch auf den Rehbock auch heute noch die Ausnahme bildet.

Im zarten Alter von acht Jahren brachte mich mein Vater zu einer Kartenleserin, womit mein weiteres Schicksal besiegelt war. Denn die Karten sprachen Klartext: In einem früheren Leben war ich Steinzeitjäger gewesen, in diesem werde es aus mir ebenfalls einen Jäger geben und in rund 3.000 Jahren würde ich als Jägerfossil im Lehmsediment eines Ziegeleiweihers zu neuem Leben erweckt. Mein Vater kaufte mir auf Grund dieser Frohbotschaft gleich ein Kleinkalibergewehr.

Nach der Matura stieg ich ins Berufsleben ein, stellte aber bald fest, dass dieses mit meiner Jagdpassion kaum vereinbar war. So wechselte ich an die Universität Zürich und absolvierte dort ein zeitlich ausgedehntes Volkswirtschaftsstudium, das mir ermöglichte, derart intensiv zu jagen, wie dies vor- und nachher niemals mehr der Fall war. Mit dieser Basis im Lebensrucksack gelang es mir, bis heute auf fast allen Kontinenten meiner Passion frönen zu können, dabei immer wieder fantastisch unterstützt durch meine viel Verständnis aufbringenden weiblichen Musen.

Bergjagd –
eine meiner Lieblingsjagdarten

Aus unserem Programm

ISBN 978-3-7020-1486-5

ISBN 978-3-7020-1336-3

ISBN 978-3-7020-1555-8

ISBN 978-3-7020-1430-8

Leopold Stocker Verlag

Graz – Stuttgart